Thomas Schirrmacher

Koran und Bibel

Die größten Religionen im Vergleich

Thomas Schirrmacher

Koran und Bibel

Die größten Religionen im Vergleich

SCM Hänssler

SCM
Stiftung Christliche Medien

2. Auflage 2009
Bestell-Nr. 394.802
ISBN 978-3-7751-4802-3

Internet: www.scm-haenssler.de
E-Mail: info@scm-haenssler.de
Umschlaggestaltung: Jens Vogelsang, Aachen
Titelbilder: Fotosearch (Koran), Corbis (Bibel)
Satz: typoscript GmbH, Kirchentellinsfurt
Druck und Bindung: CPI – Ebner & Spiegel, Ulm
Printed in Germany

Inhalt

Kurz und bündig 9

I. Bibel und Koran als »Gottes Wort«: das Offenbarungs- und Inspirationsverständnis 11

»Kurz und bündig« zwingt zu Beschränkungen 11
Zum Vergleich des Selbstverständnisses der beiden heiligen Schriften 14
Vom Himmel herabgesandt oder über Jahrtausende entstanden? 16
Buch oder Sammlung von Schriften? 19
Heilige und vollkommene Sprache oder Gebrauchssprache? 21
Ist die heilige Sprache auch ohne Verstehen wirksam oder besteht die Notwendigkeit der Verkündigung zum besseren Verständnis? 23
Können Übersetzungen selbst Gottes »Wort« sein? .. 26
Buchstäbliche oder eigentliche Bedeutung? Buchstabe oder Geist? 28
Einheitlicher, heiliger Stil oder große Vielfalt der Stile? 29
Passive Empfänger oder aktive Verfasserpersönlichkeiten? 30
Göttlicher Stil oder zahlreiche Stile der Verfasserpersönlichkeiten? 33
Zeitloser Text oder Geschichte im Mittelpunkt? 35
Zeitlose Gültigkeit oder Gültigkeit in heilsgeschichtlicher Entwicklung? 38
Verehrung des gedruckten Exemplars oder Nutzung als Gebrauchsgegenstand? 40
Überlegenheit oder Selbstkritik? 42
Glaube: Unterwerfung oder Vertrauen mit Klage und Zweifel? 46

Wissenschaft: zur Verteidigung der Schrift oder zu ihrem besseren Verständnis? 48
Textkritik ja oder nein? 50

II. Das Verhältnis zu Gott, wie es durch sein Wort entsteht 59
Hat sich Gott offenbart? 59
Glaube als Anerkennung der alleinigen Herrschaft Gottes oder Glaube als gegenseitige Vertrauensbeziehung? 62
Ist Gott frei von Bindung oder gebunden an seine Versprechen? 65
Verbot der Prüfung Gottes oder Aufforderung zur Prüfung Gottes? 68
Liebe als Reaktion Gottes oder als sein tiefster Wesenszug? 69
Gott: Herr oder Freund und Bruder? 73
Der Religionsstifter als Kriegsherr oder als Friedensstifter? 74
Der Religionsstifter: Herr oder Diener? 76
Gebet vor allem als Pflichtgebet in Gemeinschaft oder vor allem als persönliches Gespräch mit dem Vater? 77
Koran oder Jesus? Buch oder Person? 79
Steht der Religionsstifter über oder unter der Heiligen Schrift? 80
Ein Fest für die Heilige Schrift? 83
Jesus: Prophet oder Gott und Heilsbringer? 84
Dreieinigkeit: Vielgötterei oder Wesen Gottes? 88
Ist Sünde nur gegen Menschen oder vor allem gegen Gott gerichtet? 90
Sünde als einzelne Tat oder Erbsünde als grundsätzlicher Bruch mit Gott? 91
Übertritt durch Bekenntnis oder Heilsempfang? 94

Zentrales Thema der Heiligen Schrift:
Unterwerfung oder Erlösung? 95
Vergebung als Gehorsam oder Vergebung als
versöhnendes Handeln Gottes? 96
Unterwerfung oder Versöhnung? 97

III. Hilfen zum Weiterarbeiten 101
Wie können Christen mit Muslimen sprechen? 101

Literatur zum Weiterarbeiten 107
Anmerkungen 121

Kurz und bündig

Geht es Ihnen nicht auch so? Über manch einen Themenbereich würde man gerne als Normalbürger Bescheid wissen (oder muss es vielleicht sogar). Doch was die Fachleute schreiben, ist im Normalfall zu kompliziert und zu umfangreich. Wer hat schon Zeit, sich in jedes Thema wochenlang einzuarbeiten!?

Hier wollen wir Hilfestellung leisten. In *Hänssler kurz und bündig* geben Fachleute, die sich mit einem Thema schon seit Jahren intensiv beschäftigen, kurz und verständlich einen Überblick über das, was man wissen muss, wenn man Bescheid wissen will und mitreden können möchte.

Dabei enthält jeder Band der Reihe *Hänssler kurz und bündig* die folgenden Elemente:

- Fakten und Basisinformationen
- die Diskussion kontroverser Fragen
- praktische Hilfen und Hinweise zum Weiterarbeiten

All das ist so angelegt, dass der Leser sich in zwei bis drei Stunden (also etwa statt des Abendkrimis oder auf einer Zugfahrt) ein Thema in seinen Grundlagen aneignen kann. Die Anwendung im Leben oder das anschließende Gespräch mit anderen wird dann aber sicher etwas länger dauern …

Ich würde mir wünschen, dass dieser kleine Band Ihren Horizont erweitern kann und die Informationen liefert, die Sie suchen.

Thomas Schirrmacher

I. Bibel und Koran als »Gottes Wort«: das Offenbarungs- und Inspirationsverständnis

»Kurz und bündig« zwingt zu Beschränkungen

Die Herausforderung dieses Buches liegt in seiner Kürze. Denn es will über die beiden größten Weltreligionen sprechen, deren Anhänger zusammen mehr als die Hälfte der Weltbevölkerung ausmachen, die sich beide in ungezählte Richtungen aufgegliedert haben, die wir hier noch nicht einmal erwähnen können.

Das Buch will zudem die beiden wohl einflussreichsten und am häufigsten übersetzten Bücher der Geschichte vorstellen und vergleichen, deren Inhalte man aber nicht leicht kurz zusammenfassen kann.

	Anteil an der Weltbevölkerung	Anhänger	jährliches Wachstum
Christentum	33 %	2,0 Mrd.	+ 1,43 %
Islam	21 %	1,3 Mrd.	+ 2,17 %
Menschheit	100 %	6,1 Mrd.	+ 1,39 %

Man kann Islam und Christentum miteinander vergleichen, indem man nach dem fragt, was ihnen das Wichtigste ist, indem man ihre Lehren systematisch einander gegenüberstellt, indem man fragt, was beide übereinander sagen, indem man ihre Geschichte oder ihre geschichtliche Beziehung zueinander behandelt oder indem man fragt, wie sie zu aktuellen gesellschaftlichen Themen wie Menschenrechte, Gewalt, Rolle der Frau oder Mission stehen. Auch wenn all das ein wenig in diesem Buch aufscheinen wird, ist der Weg, der hier gewählt wurde, doch ein ganz anderer, einer, der bisher selten gewählt wurde, nämlich der Zugang über das Offenbarungsverständnis der beiden zugrunde liegenden Hauptschriften.

Das bedingt natürlich, dass die geschichtliche Entwicklung der beiden Religionen kaum angesprochen werden kann, sondern das Übergewicht auf den heiligen Schriften und dem Anliegen der beiden Stifter Muhammad und Jesus liegt.

Dies bedingt auch, dass zum Islam nur angesprochen wird, was allen Muslimen gemeinsam ist, und auf theologische Unterschiede etwa zwischen Sunniten und Schiiten oder auf kulturelle Unterschiede zwischen dem arabischen, persischen, türkischen und asiatischen Islam gar nicht eingegangen wird. Auch der *Hadith*, die Überlieferung der Worte und Taten Muhammads und seiner Gefährten, und die dementsprechende Lebensweise *Sunna* werden zwar angeführt, aber nirgends thematisiert.

Ebenso wird aufseiten des Christentums selten etwas dargestellt, das nicht alle Konfessionen teilen bzw. in ihrer traditionellen Sicht vergangener Jahrhunderte teilten. Das führt aber dazu, dass Besonderheiten der Konfessionen, etwa die katholische Betonung der Rolle der Kirche für die Erlösung oder die Tatsache, dass sich die orthodoxen Kirchen der Tradition der frühen Kirchenväter verpflichtet wissen, ebenso wenig vorkommen wie die enorme geschichtliche und kulturelle Vielfalt des Christentums. Auch die große Meinungsvielfalt der »modernen« Theologie, sei es im historisch-kritischen, sei es im evangelikalen Gewand, kann hier nicht aufgegriffen werden.

Zudem bleibt das Judentum als Urboden des Christentums in unserer Betrachtung leider völlig außen vor, was auch bedeutet, dass das Alte Testament (AT) ausschließlich im neutestamentlichen und christlichen Verständnis dargestellt wird, so wünschenswert ein breiterer Zugang auch wäre.

Oft stellt dieses Buch zum Christentum den dogmatischen Konsens der Kirchen *vor* dem Aufkommen der Moderne dar, übergeht also die seit dem 18. Jahrhundert diskutierte innerchristliche Dogmen- und Bibelkritik, weil sowohl der Platz fehlt als auch das eigentliche Anliegen des Buches dabei verloren ginge. Denn insbesondere die historisch-kritische Theologie hat zu fast allen Fragen die Unterschiede zwischen Islam und Christentum in Bezug auf den Umgang mit den heiligen Schriften nur noch erweitert. Dadurch wird aber leicht überdeckt, dass die Unterschiede im Umgang mit der Heiligen Schrift schon weit über ein Jahrtausend alt sind. **Mein Anliegen ist es, zu zeigen, dass die Unterschiede zwischen Islam und Christentum bereits im Verständnis der heiligen Bücher und ihrer »gläubigen« Verwendung liegen.**

Man kann all das auch anders sagen: Dies Buch konzentriert sich so sehr darauf, das Wesentliche in Islam und Christentum von seinen Ursprüngen und vom Verständnis seiner grundlegenden Urkunde her zu verstehen und zu unterscheiden, dass es um der klaren Gedankenführung und der Kürze bewusst auf viele andere, auch tagesaktuelle Themen verzichtet, wie sie etwa die Handreichung »Klarheit und gute Nachbarschaft« der Evangelischen Kirche in Deutschland in großer Dichte anspricht.[1] Damit ist auch gesagt, dass dieses Buch auf die politische und gesellschaftliche Dimension bewusst verzichtet. Es geht zunächst einmal um die Grundlagen und um die alle Richtungen und alle Jahrhunderte verbindenden Auffassungen; die jeweilige politische Umsetzung in Geschichte und Gegenwart würde ein weit umfangreicheres Buch erfordern.

Von welchen Voraussetzungen ich als Christ im Gespräch mit Muslimen ausgehe, führe ich im praktischen Teil III aus. Dieses Buch ist von einem Christen geschrieben und verschweigt nicht, dass es die christliche Sicht befürwortet. Dennoch habe ich mich bemüht, die islamische Position korrekt und fair darzustellen. Ich hoffe, dass Muslime, auch wenn sie vielleicht die Ausrichtung dieses Buches nicht schätzen, trotzdem ihr

Gottesbild und Koranverständnis so dargestellt finden, wie sie es tatsächlich kennen und leben.

Auch Muslime haben einen Anspruch darauf, gemäß des achten der Zehn Gebote gegen falsches Zeugnis geschützt zu werden. Es gibt zu viele ernsthafte Themen zwischen Christen und Muslimen zu besprechen, als dass wir noch zusätzlich durch Gerüchte und üble Nachrede weitere Probleme hervorrufen müssten. Ich habe in meinem Buch »Feindbild Islam«[2] etliche solcher Themen am Beispiel der Kleinpartei »Christliche Mitte« aufgegriffen und gezeigt, inwieweit sich manches, was zum Islam gesagt wird, um Verleumdung handelt.

Ich verwende in diesem Buch durchgängig die Bezeichnung »Gott« für Islam und Christentum und nicht speziell *Allah* für den Gott des Islam, da ich davon ausgehe, dass das Wort *Allah* von dem altorientalischen (und auch alttestamentlichen) Wort *El* für Gott abstammt und *Allah* nur der arabische Ausdruck für »Gott« ist. Ebenfalls in meinem Buch »Feindbild Islam« habe ich detailliert belegt, dass arabische Christen schon lange vor Muhammad Gott als *Allah* anbeteten, etwa in der arabischen Übersetzung des Apostolischen Glaubensbekenntnisses aus dem 4. Jh.

Zum Vergleich des Selbstverständnisses der beiden heiligen Schriften

Vergleicht man die großen Weltreligionen, in denen ein einzelnes Buch als Heilige Schrift und »Gottes Wort« eine zentrale Rolle spielt, zeigt sich, dass das Verständnis ihres jeweiligen Buches unterschiedlicher kaum sein könnte. *»Wort Gottes« ist hier überhaupt nicht gleich »Wort Gottes«.*

Oder anders gesagt: Der fundamentale Unterschied von Christentum und Islam kann allein schon am jeweils traditionellen (also vorkritischen) Verständnis ihrer heiligen Bücher aufgezeigt werden. Diesem Grundgedanken liegen die Ausführungen dieses Buches zugrunde. Wegen der Kürze wollen wir uns dabei bewusst in viererlei Hinsicht beschränken.

Zum Ersten lasse ich bewusst die Frage der Kritik an der historischen Glaubwürdigkeit des Korans und der Bibel außen vor. In Bezug auf die Bibel frage ich also nur nach dem Selbstverständnis der biblischen Autoren und Texte und nach dem Schriftverständnis der Kirchen, bevor die moderne Bibelkritik aufkam, zeigt doch dieses Selbstverständnis schon, warum die spätere Bibelkritik überhaupt im christlichen (und jüdischen) Bereich aufkommen konnte, während es eine vergleichbare Entwicklung im Islam nicht gab und gibt. Oder anders gesagt: Die folgende Gegenüberstellung beschreibt aufseiten der Bibel vor allem die heutige evangelikale Position (oder katholischerseits auch die Position des Offenbarungsdekrets *Dei Verbum* des Zweiten Vatikanischen Konzils). Ist dieses tendenziell konservative Inspirationsverständnis aber schon so stark vom islamischen unterschieden, wird es für andersdenkende Christen offensichtlich sein, dass sich ihr modernes Bibelverständnis vom Verständnis des Korans noch viel stärker unterscheidet.

Zum Zweiten verzichte ich bewusst darauf, die formulierten Glaubenssätze zu hinterfragen. Wenn etwa der Islam glaubt, dass der Koran ungeschichtlich ist, also keinen Bezug zur Lebensgeschichte Muhammads hat, weil er immer schon im Himmel fertig war, lassen wir dies so stehen, auch wenn die westliche Islamwissenschaft und die christliche Kritik dies anders sehen, etwa mit Hinblick auf die Ausnahmen, die nur Muhammad im Koran jeweils in einer entsprechenden Lebenssituation gestattet werden (z. B. mehr als vier Frauen, jüngeres Heiratsalter, Krieg in der Friedenszeit).[3] Für die Lebensgeschichte und das Anliegen Jesu folge ich etwa den neutestamentlichen Evangelien ganz unabhängig von der Diskussion, was genau wir historisch von Jesus wissen können und was nicht.[4]

Zum Dritten verzichte ich weitgehend darauf, darzustellen, wie Islam und Christentum die jeweiligen Aussagen der anderen beurteilen, wenn es sich nicht aus der Thematik von selbst ergibt, etwa wenn die Rolle von Jesus in Bibel und Koran verglichen wird. So gehe ich etwa nicht auf den islamischen Vorwurf der Schriftverfälschung (arab. *tharif*) ein, der besagt, dass die jüdischen und christlichen Schriften sich vom Koran deswegen unterscheiden, weil sie im Laufe der Jahrhunderte verändert worden seien.

Zum Vierten lässt es die Kürze dieses Buches nicht zu, alle Aussagen im Detail mit Koran- bzw. Bibelversen zu belegen oder jeweils alle vorhandenen Belege anzuführen. Dass es oft Ermessenssache war, wann ich Belege angeführt habe und wann nicht, steht außer Frage. Im Folgenden sollen aber sowieso keine in der jeweiligen Religion umstrittenen Aussagen gemacht werden, sondern lediglich Aussagen, die jeder im oben angeführten Sinn »bibeltreue« Christ bzw. »korantreue« Muslim unterschreiben würde.

Der **Aufbau der einzelnen Abschnitte** ist bis auf wenige Ausnahmen im ganzen Buch gleich. Zunächst werden nach einer Überschrift in zwei kursiv gedruckten Thesen jeweils die Sichtweisen des Korans und der Bibel gegenübergestellt. Dann folgt eine ausführlichere Darstellung der Sicht des Korans, anschließend eine entsprechende zur Bibel.

Vom Himmel herabgesandt oder über Jahrtausende entstanden?

*Der **Koran** ist nach muslimischer Auffassung zeitlos, seit Ewigkeit im Himmel aufbewahrt und über einen Zeitraum von 22 Jahren als fertige Offenbarung »herabgesandt« und von Muhammad nur empfangen und durch Rezitieren weitergegeben worden. Gott ist alleiniger Autor des Korans.*

*Die **Bibel** ist über einen sehr langen Zeitraum im Rahmen menschlicher Geschichte entstanden, und ihre göttliche Inspiration ändert nichts daran, dass sie zunächst ein Ergebnis der Geschichte ist und ohne ihre geschichtliche Entstehung nicht zu verstehen ist. Menschen der Geschichte sind die Autoren der Bibel; die göttliche Autorschaft tritt in wunderbarer Weise durch den Heiligen Geist hinzu.*

Nach dem Selbstverständnis des **Korans** und der islamischen Theologie ist der in 22 Jahren an Muhammad offenbarte Koran nicht zwischen 610 und 632 n. Chr. entstanden, sondern existierte immer schon in einer Originalfassung bei Gott im Himmel. Bei der Offenbarung wurde ein im Himmel fertiges Exemplar, die »Mutter der Schrift« oder »Mutterschrift« (arab. *um al kitab*, vgl. Sure 43,2-4; 56,78) an Muhammad durch Vermittlung des Engels Gabriel verlesen. Muhammad (569/570–632 n. Chr.) begann im Jahr 610 n. Chr. in Mekka mit der Verkündigung des Islam, nachdem er in einer Höhle am Berg Hira in der Nähe von Mekka die Eingebung gehabt hatte, der Engel Gabriel habe ihn aufgefordert, eine Botschaft von Gott »vorzutragen« (arab. *qara'a*, daher *Quran* = »Lesung«, »Rezitierung«).

Dass der Koran nicht von Menschen verfasst und auch nicht im 7. Jh. verfasst wurde, sondern dass ein bereits vorhandener Text herabgesandt wurde, gehört zu den häufigsten Aussagen des Korans (z. B. Sure 2,176.185; 3,3.7; 4,47.136.166; 5,102; 6,92.155; 7,2.3; 14,1; 17,105; 18,2; 21,50; 25,6.32; 29,51; 38,29; 39,23; 42,17; 44,3; 65,10). »Nach muslimischem Glauben geht das geschichtliche, auf der prophetischen Verkündigung Mohammeds beruhende Buch wie alle wahren Offenbarungszeugnisse zurück auf eine himmlische Urkunde, die ewige Norm aller innerweltlichen Verkündigungen von ›Gottes Wort‹. Die Zuverlässigkeit des geschichtlichen Koran hat ihren Grund in seiner Herkunft von dem nicht verfälschbaren himmlischen Original. Dass er eine ›Offenbarung‹ Gottes ist, wird in der Sprache des Korans durch eine räumliche Metapher ausgedrückt: ›Er ist eine Herabsendung des Herrn aller Welt‹ (26,192). Die ›Mutter der Schrift‹ hat also ihre Bedeutung nicht für sich selbst, sondern um der Mitteilung Gottes an die Menschen willen: Die prophetischen Reden Mohammeds sollen nicht als dessen menschliches Wort gelten, sondern wahrhaft als das Gottes«[5] (46,10).

Die **Bibel** ist nach ihrem Selbstverständnis und in der Sicht der christlichen Theologie aller Zeiten nicht im Himmel entstanden, sondern in eineinhalb Jahrtausenden gewachsen. Die Bibel ist nicht vom Himmel gefallen und lag auch nie in irgendeiner Form im Himmel vor. Sie wurde von Menschen geschrieben, und bevor ein Text entstand oder zusammengestellt wurde oder die dazugehörige Offenbarung geschah (etwa an einen alttestamentlichen Propheten), lag der entsprechende Text nirgends vor.

Die Inspiration der Bibel meint auch schon in vorkritischer Zeit den Vorgang, dass Gott sich Menschen in der Geschichte offenbart hat und bei dem Vorgang der schriftlichen Niederlegung der Zeugnisse, Berichte und Gedanken der davon betroffenen Menschen darüber wachte, dass zugleich mit dem durch Menschen geschriebenen und geschichtlich entstandenen Text seine ewige und göttliche Botschaft unverfälscht verkündigt wurde. Zu allen Zeiten haben die christlichen Kirchen unter Inspiration nicht verstanden, dass Gott alleiniger Autor der Schrift sei, sondern immer nur, dass er zu den menschlichen Autoren in wundersamer und nicht definierbarer Weise durch den Heiligen Geist hinzutrat.

Der katholische Weltkatechismus schreibt ganz typisch unter Einbezug von Formulierungen der »Dogmatischen Konstitution über die Göttliche Offenbarung *Dei Verbum* (DV)« des Zweiten Vatikanischen Konzils zwar einerseits: »Die inspirierten Bücher lehren die Wahrheit. ›Da also all das, was die inspirierten Verfasser oder Hagiographen aussagen, als vom Heiligen Geist ausgesagt gelten muss, ist von den Büchern der

Schrift zu bekennen, dass sie sicher, getreu und ohne Irrtum die Wahrheit lehren, die Gott um unseres Heiles willen in heiligen Schriften aufgezeichnet haben wollte‹ (DV 11)«, fügt jedoch gleich hinzu: »Gott hat die menschlichen Verfasser der Heiligen Schrift inspiriert. ›Zur Abfassung der Heiligen Bücher aber hat Gott Menschen erwählt, die ihm durch den Gebrauch ihrer eigenen Fähigkeiten und Kräfte dazu dienen sollten, all das und nur das, was er – in ihnen und durch sie wirksam – selbst wollte, als wahre Verfasser schriftlich zu überliefern‹ (DV 11)« (§ 107 & 106).

Buch oder Sammlung von Schriften?

*Der **Koran** ist ein in kurzer Zeit entstandenes, in sich geschlossenes Buch, das an einen einzigen Menschen offenbart wurde und in sprachlicher, literarischer, historischer, geografischer und ethnologischer Hinsicht eine Einheit darstellt.*

*Die **Bibel** ist eigentlich kein Buch, sondern eine Sammlung von 66 unterschiedlichen Schriften (Büchern) aus verschiedensten Zeiten und Regionen und stellt Texte aus fast eineinhalb Jahrtausenden in enormer sprachlicher, literarischer, historischer, geografischer und ethnologischer Vielfalt nebeneinander.*

Der im Himmel fertig vorliegende **Koran** gelangte in einem relativ kurzen Zeitraum von 22 Jahren zu Muhammad, auch wenn sich der Zeitraum der Sammlung der zunächst mündlich weitergegebenen Texte über einen längeren Zeitraum erstreckte. Der Koran wird als eine zusammenhängende Offenbarung in derselben Sprache, demselben Stil, mit demselbem Anliegen und unter denselben Zeitumständen verstanden. (Der Umfang des Korans entspricht ungefähr dem des Neuen Testaments [NT].)

Die **Bibel** hieß dagegen ursprünglich im Griechischen *bibloi*, d. h. »Rollen«, »Bücher« oder »Sammlung von Büchern«, und erst im mittelalterlichen Latein wurde aus der Mehrzahl die Einzahl *biblia* (»Buch«, »Bibel«). Matthäus 26,56 und Römer 16,26 sprechen von den »Schriften der Propheten«, Johannes 5,47 von »Schriften des Mose«, 2. Petrus 3,16 spricht von den »Briefen« des Paulus und den »anderen Schriften«.

In der biblischen Büchersammlung gibt es wieder Bücher, die sich selbst als Sammlung von Texten verschiedenster Autoren vorstellen, etwa die Psalmen oder die aus der ganzen damaligen Umwelt zusammengetragenen Sprichworte (Buch der Sprüche). Dass viele Bücher auch sonst häufiger aus verschiedenen zuvor vorhandenen Teilen und Quellen zusammengesetzt wurden, ist nicht erst von der modernen Bibelforschung gesagt worden, sondern oft aus den Angaben der Bücher selbst zu entnehmen oder wenigstens zu erahnen.

Das AT ist nach christlicher Zählung eine Sammlung von 39 Büchern, die in christlicher Tradition nach Gruppen sortiert sind, und zwar: fünf Gesetzbücher Moses (die Tora); zwölf Geschichtsbücher; fünf poetische bzw. zur Weisheitsliteratur zählende Bücher; fünf große Propheten und zwölf kleine Propheten. Die Juden sortieren dieselben Bücher etwas anders und teilen sie in 24 Bücher auf. Die katholische Kirche zählt im Gegensatz zu Juden und Protestanten darüber hinaus noch sieben auf Griechisch, nicht auf Hebräisch geschriebene Schriften aus der Zeit zwischen AT und NT zum AT hinzu. Die zusätzlichen Bücher werden von evangelischen Christen als »Apokryphen« bezeichnet (Katholiken und Orthodoxe bezeichnen sie als »deuterokanonische Schriften« oder »Spätschriften«), aber nicht zur Bibel gezählt, da sie dem (um 135 n. Chr. festgelegten) jüdischen Kanon folgen.[6]

Neben das AT traten nach dem Ende von Jesu Wirken auf der Erde mehr und mehr neue Schriften der Apostel, ihrer Mitarbeiter und anderer Autoren, die zum Teil sogar unbekannt sind, wie im Falle des Hebräerbriefes. Am Ende stand das NT als Sammlung von 27 Schriften, die nach Gruppen sortiert sind. Fünf Schriften sind historische Berichte (vier Evangelien und die Apostelgeschichte), 21 Schriften sind Lehr- und Mahnbriefe von Aposteln und ihren Mitarbeitern, das letzte Buch ist ein prophetisch-apokalyptisches Buch.

Die Bildung des neutestamentlichen Kanons vollzog sich stufenweise, das heißt, dass wohl schon zu Lebzeiten der Apostel bestimmte Zusammenstellungen, etwa der Paulusbriefe, bestanden haben, aber sich erst allmählich herauskristallisierte, welche der Schriften auf Dauer Bestand haben sollten. Christen haben von Anfang an die Entstehungsgeschichte des NT nicht anders beschrieben.

Heilige und vollkommene Sprache oder Gebrauchssprache?

*Der gesamte **Koran** ist im selben Koran-Arabisch geschrieben, das als heilige Sprache und als Ausdruck höchster Vollkommenheit gilt. Die täglichen Pflichtgebete und das Glaubensbekenntnis können deswegen nur in diesem Arabisch gesprochen werden.*

*Die in der **Bibel** verwendeten drei Sprachen Hebräisch, Aramäisch, Griechisch liegen in ihr zum Teil in unterschiedlichen Entwicklungsstufen vor, und jeder Verfasser bringt seine eigene Variante dieser Sprachen ein. Die Sprachen sind Gebrauchssprachen, weswegen die aramäischen Worte Jesu etwa nur in griechischer Übersetzung vorliegen. Zudem kann jeder Mensch in jeder beliebigen, ihm vertrauten Sprache beten.*

Ibn Rassoul schreibt über den **Koran**: »Worte, Stil und Inhalt des Qur'ans sind nachweisbar übermenschlich«[7] (z. B. Sure 71,1). I. A. Abu-Harb fügt hinzu: »Seit der Quran vor vierzehnhundert Jahren offenbart wurde, war niemand in der Lage, ein einziges Kapitel wie die Kapitel des Quran zu erdichten, in ihrer Schönheit, der ausdrucksvollen Sprache, Pracht, weiser Gesetzesgebung, wahrer Information, wahrer Prophezeiung und anderen Vollkommenheiten.«[8] Was wir als »Vers« des Korans bezeichnen, bezeichnet der Korantext selbst als *ayat*, das heißt als »Wunderzeichen« Gottes. Jeder Vers des Korans gilt als eigenes Wunder.

»Muslimische Theologen haben schon bald die Ansicht vertreten, dass der Koran nach sprachlichen Gesichtspunkten beurteilt vollkommen und unübertrefflich sei. Es sei das schönste Arabisch und von unübertrefflicher Harmonie und Vollkommenheit. Der Fachbegriff für die Unübertroffenheit, Unnachahmlichkeit und Einzigartigkeit des Korans (arab. *i'jâz*) findet seit der zweiten Hälfte des 9. Jahrhunderts Verwendung.«[9] »Man sagt: Die Sprache des Heiligen Buches ist so ganz eigenartig, dass sich die keiner anderen Literaturgattung mit ihr irgendwie vergleichen lässt, nicht die Sprache der gereimten Prosa und nicht die der ungereimten und auch nicht die Ausdrucksweise der gewöhnlichen Prosa; der Koran durchbricht in seiner noch nie dagewesenen Eigenart alle literarischen Gepflogenheiten.«[10]

Auch wenn das Arabische nicht die Sprache Gottes ist und die heilige Sprache eigentlich nur das spezifische Koran-Arabisch ist, gilt dem Islam doch das Arabische als das vollkommenste Werkzeug, um Gottes Wort zu offenbaren. Das Arabische erhielt durch die Niederschrift des Korans eine Schlüsselposition für die gesamte islamische Welt (Sure 12,2; 42,7).

Demgegenüber erhebt die **Bibel** selbst ihre eigenen Sprachen – welche denn auch? – nirgends zur Norm. Und die Kirchen aller Zeiten sind davon ausgegangen, dass die Bibel in ganz normaler Sprache verfasst wurde und deswegen das Studium der in ihr verwendeten Sprachen hilft, sie besser zu verstehen.[11] Zwar gibt es in der Bibel erhabene Dichtung von internationalem Rang, etwa im Buch der Psalmen, oder dramaturgisch durchdachte Werke wie das Buch Hiob oder das Buch Ester, aber ebenso auch Geschlechtsregister und Verwaltungsdokumente, die nie jemand für sprachlich besonders elegant gehalten hat.

Auch hat man immer die Stile der biblischen Autoren unterschieden, die teilweise von sprachlich sehr versierten Autoren stammen, wie etwa die Psalmen oder die Paulusbriefe, teilweise von Autoren mit nur einfachen Sprachkenntnissen, wie etwa der Prophet Amos (Amos war Schafzüchter) oder Worte des Petrus (Petrus war Fischer).

Dass Jesus ursprünglich Aramäisch sprach, aber seine Worte den Lesern und Hörern zuliebe nur in der Weltverkehrssprache Griechisch überliefert wurden, ist den christlichen Kirchen immer bewusst und nie ein Problem gewesen. Auch grammatikalische Fehler im NT, wie sie zum Beispiel bei Paulus in seinen überlangen Sätzen vorkommen (z. B. Epheser 1,4-14), wurden nie als Problem gesehen, verstand doch trotzdem jeder, was die Verfasser, also etwa Paulus, sagen wollten.

Ist die heilige Sprache auch ohne Verstehen wirksam oder besteht die Notwendigkeit der Verkündigung zum besseren Verständnis?

*Das Verlesen des **Korans** ist ein Akt der Gottesverehrung, auch wenn er nicht verstanden wird. Das Verlesen (Rezitieren) und Verwenden des originalen arabischen Textes hat eine höhere Bedeutung als das Verstehen des Textes.*

*Für den Text der **Bibel** ist wesentlich, dass er verstanden wird. Die Bibel wurde deswegen immer schon verkündigt, indem* *man sie auslegte, und ihre Botschaft immer wieder neu formuliert, damit wirklich jeder verstand, was die Botschaft war.*

Was soeben über die Unübertroffenheit des **Korans** und seines Arabisch gesagt wurde, gilt nur für das klassische Arabisch des 6. Jh.s, nicht für die vielen Varianten des modernen Arabisch, deren Sprecher im Normalfall das klassische Arabisch nicht verstehen, ähnlich wie ein moderner Grieche nicht einfach das NT im Grundtext lesen kann. Deswegen beten Millionen von Muslimen ihre täglichen Gebete in dieser heiligen Sprache, ohne sie beim Beten zu verstehen – oft hat man sie allerdings belehrt, was sie inhaltlich sagen. Viele Muslime lernen den vollständigen arabischen Koran auswendig und können ihn oft komplett rezitieren (vgl. Sure 73,3.20; 75,17-18), ohne jedoch Arabisch zu verstehen.[12] Der Rezitator ist eines der wichtigsten islamischen Ämter (Sure 75,17), für das es eigene Ausbildungsstätten gibt, da viele Rezitatoren hauptberuflich tätig sind.

Der Islam fordert für seine Ausübung zumindest Grundkenntnisse des Arabischen, denn die Gottesverehrung geschieht im Islam im vollgültigen Sinne nur in Koran-Arabisch. Das bedeutet aber vor allem, dass man das Arabische aussprechen kann, nicht dass man es versteht, auch wenn das natürlich als besser gilt.

Die Mehrzahl der heutigen Muslime ist nicht-arabischer Herkunft. Die Araber bilden eine Minderheit unter ihnen, die ihren großen Einfluss nur dem Umstand zu verdanken haben, dass Arabisch die Sprache des Korans ist (und zudem Mekka in der arabischen Welt liegt). Einflussreiche islamische Theologen sind zum allergrößten Teil arabischer Herkunft. Arabische Lehrinstitutionen wie die al-Azhar-Universität in Kairo gehören zu den bedeutendsten Ausbildungsstätten. Arabisch ist die bevorzugte Sprache der Korankommentare und der theologischen und der juristischen Standardwerke. Die Überlieferungen (*Hadithe*) waren über viele Jahrhunderte nur auf Arabisch erhältlich.

Die **Bibel** kennt keine heilige Sprache. Die Offenbarung des Johannes ebenso wie schon das Buch Daniel prophezeien, dass einmal Menschen aller »Völker« nicht in einer, sondern in allen »Sprachen und Dialekten« vor Gottes Thron Gott loben werden (Offenbarung 5, 9-10; 7,9; 10,11; 11,9; 13,7; 14,6; 17,15; Daniel 7,14). »Die Bibel dagegen spricht von Anfang an von der Welt der Völker, von allen Menschen, allen Sprachen, die – wie die Offenbarung berichtet – am Ende der Zeiten vor Gottes Thron Gott in allen Sprachen (allen Zungen) anbeten werden. Sie werden aus allen Nationen kommen und aus allen Stämmen. Die Bibel hat die Welt der Völker von Anfang bis Ende im Blick.«[13]

Selbst im hebräischen AT finden sich aramäische Texte. Schon das AT berichtet, dass Worte im Laufe der Jahrhunderte ihre Bedeutung geändert haben (z. B. 1. Samuel 9,9 zum Bedeutungswandel Seher/Prophet). Doch selbst wenn man Hebräisch als heilige Sprache der Juden betrachten wollte, wird spätestens mit dem Pfingstwunder (Apostelgeschichte 2) für die neutestamentliche Kirche deutlich, dass Gott durch seinen Geist seine göttliche Botschaft jedem Menschen in seiner Muttersprache verständlich machen will.

Die sonntägliche Predigt in christlichen Kirchen und jede Form der Verkündigung des »Wortes Gottes« in der Christenheit basiert darauf, dass ein verlesener Bibeltext der Erläuterung für die Zuhörer bedarf, damit er wirklich verstanden wird. Schon im AT wurden heilige Texte nicht nur allen verlesen, sondern dann vor kleineren Gruppen ausgelegt (z. B. 2. Könige 23,2-4; Nehemia 8,4-8). Die frühere lutherische und pietistische Redensart, dass man im Gottesdienst »unter das Wort« geht, und die Verpflichtung des Predigenden in allen Kirchen, »das Wort Gottes« zu verkündigen, wird nicht dadurch eingelöst, dass möglichst viele und lange Bibeltexte möglichst originalgetreu vorkommen, sondern dass die Botschaft der Bibel möglichst relevant und verständlich in das Leben der Zuhörer spricht.

Schon Jesus und Paulus verkündigten das Wort Gottes dadurch, dass sie seinen Inhalt in immer neuen Formulierungen verbreiteten, nicht indem sie fertige Texte verlasen. Die Ansprache von Paulus vor den führenden griechischen Philosophen in Athen (Apostelgeschichte 17,16-34) ist ein herausragendes Beispiel dafür, wie man alt- und neutestamentliche Inhalte in Sprache und Denken einer ganz anderen Kultur verkündigen kann. Mit »Wort Gottes« kann in der Bibel zwar neben Jesus auch die Heilige Schrift bzw. die jeweils vorher vorhandenen Schriften bezeichnet werden (so etwa das AT in Markus 7,10-13; vgl. 1. Johannes 10,35; oder Sprüche 30,5-6), aber nicht zufällig wird mit »Wort Gottes« am häufigsten die Verkündigung (im NT z. B. Apostelgeschichte 18,11; 1. Timotheus 2,13; 2. Timotheus 2,9; 1. Petrus 4,11) und der Inhalt der Verkündigung oder das Evangelium (z. B. Apostelgeschichte 13,7; Römer 9,6; Epheser 6,17; 1. Thessalonicher 2,13; 1. Johannes 2,14; Hebräer 13,7) bezeichnet.

Können Übersetzungen selbst Gottes »Wort« sein?

*Der **Koran** selbst ist prinzipiell unübersetzbar; Übersetzungen, wie sie erst in neuerer Zeit zulässig sind, stellen nur eine ungefähre Bedeutung, nicht Gottes Wort selbst dar.*

*Die **Bibel** selbst fordert die Übersetzung und Verständlichmachung ihrer Botschaft und übersetzt etwa die aramäischen Worte Jesu ins Griechische. Bibelübersetzungen sind fast so alt wie die Bibel selbst. Bibelübersetzungen gelten wie das Original als »Wort Gottes«.*

Der **Koran** ist nach einhelliger Auffassung islamischer Gelehrter eigentlich unübersetzbar, eine Übersetzung kann nur eine

Annäherung sein.[14] Jahrhundertelang durfte der heilige Koran überhaupt nicht übersetzt werden. Erst im Zuge des missionarischen und politischen Neuaufbruchs im 20. Jh. wurde er von Muslimen selbst in viele Sprachen übersetzt und verbreitet, wobei jede Übersetzung weiter nur als Annäherung an seine Bedeutung oder Kommentar zum Koran gilt, nicht jedoch selbst als Wort Gottes. Deswegen heißen die von Muslimen übersetzten Koranausgaben »Kommentar«, »Annäherung an den Koran«, »Die Bedeutung des Korans« oder ähnlich. Abdoldjavad Falaturi schreibt: »Genaugenommen ist der Koran für die Muslime nicht übersetzbar. Die Übersetzungen stellen höchstens eine hilfreiche Brücke zum Verständnis dar.«[15] I. A. Abu-Harb schreibt: »Der Quran wurde Muhammad lediglich in arabischer Sprache offenbart, jegliche Übersetzung, sei es auf Deutsch oder irgendeine andere Sprache, ist weder der Quran noch eine Version des Quran, sondern der Versuch einer Übersetzung der Bedeutung des Quran. Der Quran existiert nur auf Arabisch, wie er offenbart wurde.«[16]

Gute Übersetzungen der **Bibel** für den Leser und Hörer waren von Anfang an Bestandteil des jüdischen und christlichen Glaubens, und die ersten Bibelübersetzungen des AT sind über 2000 Jahre alt, die ersten Übersetzungen des NT stammen aus der Frühzeit des Christentums. Die griechische Übersetzung des AT, die Septuaginta, ebenso die aramäische (Targumim) und die syrische (Peschitta) spielten schon in vorchristlicher Zeit eine große Rolle. Und die ersten mehrsprachigen Ausgaben des NT stammen aus dem 2. Jh. n. Chr.

Für Christen ist es selbstverständlich, dass ihre Heilige Schrift in jede Sprache übersetzt werden darf und Mission nicht darin besteht, ihre heiligen Texte in der Originalsprache zu verlesen. Auf Pfingsten als Beweis der Vielsprachigkeit des Heiligen Geistes wurde bereits hingewiesen. Und Paulus warnt davor, im Gottesdienst eine Sprache zu sprechen, die Besucher nicht verstehen, weil diese sonst denken, die Christen seien »von Sinnen«, während sie, wenn sie die Botschaft verstehen, möglicherweise beginnen, Gott anzubeten (1. Korinther 14,23-25).

Paulus begründet in 1. Korinther 9,19-23 die Notwendigkeit, sich auf andere Menschen sprachlich und auch sonst einzustellen. Christen sind also nicht nur dafür verantwortlich, ob und dass sie die Botschaft von der Erlösung in Jesus Christus gesagt haben, sondern auch dafür, ob und dass sie verstanden werden konnte.

Die Bibel bezeugt in der erstaunlichen Tatsache, dass sie die Lebensgeschichte des Stifters des Christentums in vierfacher Ausfertigung enthält, auch die Notwendigkeit, dass das Evangelium jeder Zielgruppe neu und anders gesagt werden muss.[17]

Buchstäbliche oder eigentliche Bedeutung? Buchstabe oder Geist?

*Die **Bibel** warnt davor, dass man durch Buchstäblichkeit den eigentlichen Sinn verlieren kann.*

*Die Auslegung des **Korans** kennt keine Entsprechung zu einer solchen Unterscheidung.*

Der **Koran** gilt als in vollkommener Sprache geschrieben und ist deswegen in seiner direkten Bedeutung zu verstehen. Natürlich gibt es eine umfangreiche Geschichte der Koran-Exegese. Aber der Gedanke, dass die Botschaft und das Eigentliche verloren gehen könnten, wenn man zu sehr am Text und zu wenig an der Botschaft orientiert ist, ist der islamischen Sicht des Korans fremd.

In der **Bibel** wird der Teufel als der Kritiker des Wortes Gottes schlechthin vorgestellt, was ihn nicht davon abhält, die Bibel zu zitieren und durch Missbrauch außer Kraft zu setzen. Dabei zitiert er mit Vorliebe Gott wortwörtlich und im buchstäblichen, aber damit eben falschen Sinn, wie er es etwa bei der Versuchung Jesu tat (Matthäus 4,6-7; Lukas 4,11-13). Eine buchstäbliche Auslegung garantiert also nicht, dass man die Botschaft Gottes richtig verstanden hat. Jesus widerstand der buchstäblichen Auslegung des Satans mit dem Wort Gottes (Matthäus 4,7; Lukas 4,13), das er in übertragener und geistlicher Bedeutung verstand. Die Feststellung, dass Christen nicht dem »Buchstaben«, sondern dem »Geist« dienen (Römer 7,6; 2. Korinther 3,6-11) und dass der Buchstabe töten kann (2. Korinther 3,7), sind auch Warnungen vor Buchstäblichkeit, auch wenn sie darüber hinaus davor warnen wollen, über der korrekten Äußerlichkeit den lebendigen Geist, das Leben und die eigentliche Botschaft zu vernachlässigen.

Einheitlicher, heiliger Stil oder große Vielfalt der Stile?

*Der **Koran** ist nach muslimischer Auffassung in einem einzigen heiligen Stil des Koran-Arabischen geschrieben.*

*Die **Bibel** enthält die gesamte Bandbreite menschlicher literarischer Ausdrucksweisen in verschiedenen Sprachen und der Sprachentwicklung verschiedener Zeiten. Es gibt nicht den Stil oder die Sprache, in der sich Gott offenbart, sondern Gott kann prinzipiell jede Variante menschlicher Ausdrucksweise für die Verkündigung seiner Botschaft benutzen.*

Dass der **Koran** in einem einzigen, unnachahmlichen Stil geschrieben ist, wurde bereits im letzten Abschnitt deutlich.

Die **Bibel** ist hier schon äußerlich genau das Gegenteil. Die literarische Vielfalt der biblischen Bücher ist enorm. Gesetzestexte stehen neben Liebesgesängen, historische Berichte neben Klageliedern, Sprichwortsammlungen neben Familiengeschichten, königliche Urkunden neben Psalmensammlungen, private neben offiziellen Briefen, umfangreiche Dialoge neben Anweisungen an Mitarbeiter, apokalyptische Warnungen neben detailliert ausgemalten Visionen, autobiografische Erinnerungen neben Ironie, Witzen, Rätseln und Fabeln.[18]

Dieses vielfältige Reden Gottes in der Geschichte durch Menschen beschreibt das NT zum Beispiel so: »Nachdem Gott vorzeiten *vielfach und auf vielerlei Weise* geredet hat zu den Vätern durch die Propheten, hat er in diesen letzten Tagen zu uns geredet durch den Sohn …« (Hebräer 1,2). Im NT setzt sich die Vielfalt auch nach der Offenbarung des »Sohnes« Jesus Christus fort. Noch einmal sei daran erinnert, dass die Lebensgeschichte Jesu im NT viermal erzählt wird und damit eben auch in verschiedenen Sprachstilen.

Passive Empfänger oder aktive Verfasserpersönlichkeiten?

*Der **Koran** entstand, indem Muhammads Persönlichkeit beim Empfang der Offenbarung nicht aktiv war.*

*Die **Bibel** entstand durch aktiven Einsatz der unterschiedlichsten Persönlichkeiten als Verfasser. Selbst wenn es sich um unmittelbare Auditionen und Visionen handelte, blieben die Empfänger aktiv, indem sie etwa nachfragten oder Wünsche äußerten.*

Der **Koran** und die islamische Theologie legen großen Wert darauf, dass der Koran nicht von Muhammad stammt und Muhammad beim Empfang der Offenbarung passiver Empfänger war, der sich gegen die Offenbarung nicht wehren und auch nicht ihren Gang beeinflussen konnte. »Er empfing die koranischen Fragmente in einem seelischen Trancezustand, der seine bewusste und willensfähige Persönlichkeit selbst dort überschwemmte, wo es sich um eigene Anliegen und Sorgen handelte.«[19] »Nicht durch den Koran, sondern durch glaubwürdige Hadithe erfahren wir etwas über die ... ekstatischen Zustände, von denen er befallen wurde ...; höchstens könnte die Einhüllung (73,1; 74,1) vielleicht einen leisen Hinweis darauf enthalten.«[20] »In einer Reihe von Traditionen wird berichtet, wie er, wenn die prophetischen Anfälle über ihn kamen, zu Boden fiel, die Farbe wechselte und darauf rot im Gesicht wurde, als läge er im stärksten Fieber; große Schweißtropfen bedeckten seine Stirn selbst an den kältesten Wintertagen; er atmete mit einem röchelnden Laut, der an das Schnauben eines Kamels erinnerte. Man pflegte ihn einzuhüllen und ein Lederkissen unter seinen Kopf zu legen. Selbst sagte er, er höre in diesem Zustand mitunter eine redende Stimme, wie wenn ein Mensch zu einem anderen spricht, mitunter dagegen gleichsam einen Glockenton, was für ihn besonders quälend war. Für die Wahrheit dieser Schilderungen bürgt vor allem der Umstand, dass eben diese unheimlichen Zustände mehr als irgendetwas anderes dazu beigetragen haben, den unerschütterlichen Glauben seiner Anhänger an den übernatürlichen Ursprung seiner Inspirationen zu befestigen.«[21] »Die Begleiterscheinungen der Offenbarungen waren beeindruckend. Wenn Mohammed das Nahen der Offenbarung spürte, überkamen ihn Frösteln und Schauern, und er ließ sich gewöhnlich einen Schleier oder Mantel reichen (O du Verhüllter, 73, o du Bedeckter, 74), unter dem man ihn stöhnen, röcheln und schreien hörte. Nach den Offenbarungen war er schweißgebadet und litt an Kopfschmerzen, die er mit Umschlägen behandelte ... Nach der feierlichen Verkündigung der Abschiedswallfahrt, als der Prophet auf einem Kamel saß, warf die Wucht eines herabsteigenden Verses (des letzten) das Tier auf die Knie.«[22]

Solche Zusammenstellungen aus Koran und Überlieferung werden von Muslimen nicht kritisch gesehen, sondern als Beleg dafür, dass Muhammad die Offenbarungen empfing, aber nicht selbst produzierte. Auch dass Muhammad möglicherweise nicht lesen und schreiben konnte (Sure 62,2), wird meist angeführt, um zu zeigen, dass er unmöglich in der Lage war, selbst die Korantexte hervorzubringen oder etwa durch Lesen der Bibel teilweise aus dieser abzuleiten.

Wenn die **Bibel** als vom Geist Gottes inspiriert beschrieben wird (2. Timotheus 3,16) oder »Gottes Wort« (Markus 7,13) heißt, ist damit gemeint, dass Gott den menschlichen Autor auf wunderbare Weise gebraucht hat, das zu sagen, was er den Menschen offenbaren wollte, nicht aber, dass Gott Autor anstelle des Menschen sei. Selbst in 2. Petrus 1,21 heißt es zwar vom »prophetischen Wort«, dass »noch nie eine Weissagung aus menschlichem Willen hervorgebracht« wurde, aber das bedeutet, dass »getrieben von dem Heiligen Geist« dann eben doch »Menschen im Namen Gottes geredet« haben.

Die christlichen Kirchen haben frühzeitig geglaubt, dass der Heilige Geist die gesamte Bibel zu einer letztendlichen Einheit zusammengeführt hat, aber nicht in dem Sinne, dass in einer »frisierten« Gesamtausgabe alle Teile perfekt stilistisch oder sonstwie aufeinander abgestimmt wurden, sondern in dem Sinne, dass die Bibel komplementär und in großer Vielfalt der Stimmen im Auftrag Gottes das vermittelt, was der Mensch als Gottes Wort zum Leben braucht.

Gott lässt nach christlicher Auffassung sein Wort nicht durch Zwang oder Ausschaltung der menschlichen Persönlichkeit schreiben, wie dies bei vielen mechanisch inspirierten Offenbarungen in den Religionen bis hinein in den Bereich christlicher Sekten der Fall ist. Wenn Gottes Geist an und durch Menschen wirkt, macht er sie nach christlichem Verständnis zu echten Persönlichkeiten, im Glaubensleben allgemein ebenso wie speziell bei der Offenbarung seines Wortes. Selbst die Propheten, die in ekstase-ähnlichen Zuständen unglaubliche Bilder sahen, können sich im AT und NT ganz vernünftig mit den die Visionen auslegenden Engeln unterhalten (z. B. in der

Offenbarung des Johannes oder in Daniel und Hesekiel). Paulus hält es in 1. Korinther 14,32 für selbstverständlich, dass Propheten sich und die ihnen zuteil werdende Offenbarung unter Kontrolle haben: »Die Geister der Propheten sind den Propheten untertan« (1. Korinther 14,30-32). Mit Macht zu falschen Göttern weggerissen zu werden, hält Paulus dagegen für unchristlich (1. Korinther 12,2).

Ein Verlust der Persönlichkeit ist in der Bibel ein Kennzeichen für das Wirken des Teufels. Gott dagegen schenkt Menschen alles auf freiwilliger Basis und möchte, dass sich echte Persönlichkeit selbst beherrscht (1. Timotheus 3,2; Galater 5,23) und nüchtern und ruhig für den Weg Gottes entscheidet (vgl. 1. Petrus 5,2). Der besessene Gerasener (Matthäus 8,28-34; Markus 5,1-20; Lukas 8,26-39) macht das als Extremfall am deutlichsten. Das Böse bewirkte, dass er wie ein Tier lebte und ihm jede erkennbare Persönlichkeit abhanden gekommen zu sein schien. Jesu Befreiungswort verursachte, dass seine Persönlichkeit wieder zum Vorschein kam, sodass er wieder vernünftig mit Jesus redete, wie die Außenstehenden erschrocken feststellten (Matthäus 5,15; Lukas 8,35).

Göttlicher Stil oder zahlreiche Stile der Verfasserpersönlichkeiten?

*Der **Koran** kennt nur Gott als Autor und damit einen göttlichen Stil. Muhammads Stil findet sich in der Überlieferung seiner Worte, nicht aber im Koran.*

*In der **Bibel** treten die unterschiedlichsten Persönlichkeiten als Verfasser auf, die ihren Stil, ihre Sicht und oft ihre ganz persönliche Geschichte mit Gott einbringen. Die Bibel ist voll und ganz Menschenwort und nur als solches dann auch, in* *geheimnisvoller Wechselwirkung, durch das Wirken des Heiligen Geistes voll und ganz Gotteswort.*

Der **Koran** und die islamische Theologie legen großen Wert darauf, dass der Koran nicht von Muhammad stammt und nicht seine Persönlichkeit und seine Sichtweisen widerspiegelt (auch wenn der Koran viel über Muhammad als Gesandten Gottes berichtet und ihn autorisiert), sondern in göttlichem Stil geschrieben ist.

Die **Bibel** ist nach ihrem Selbstverständnis nicht von Unbeteiligten empfangen oder in mechanischem Diktat niedergeschrieben worden, sondern im Gegenteil von echten Persönlichkeiten, deren Unverwechselbarkeit gerade in ihren Schriften zum Ausdruck kommt. Inspiration und überhaupt das Wirken des Geistes Gottes im Menschen schließt die menschliche Persönlichkeit nicht aus, sondern führt vielmehr zu ihrer vollen Entfaltung.

Die menschliche Seite der Bibel ist kein Beweis gegen die göttliche Inspiration der Bibel. Der Gedanke, die Heilige Schrift sei Gottes Wort, weil kein Mensch daran beteiligt oder die beteiligten Menschen zu so etwas unfähig gewesen wären, fehlt in der Bibel ebenso wie in der Geschichte des Christentums.

Die christliche Lehre von der göttlichen Inspiration der Schrift wurde nie so verstanden, dass Gott seinen Stil auswechselbaren Autoren diktiert hat, sondern immer so, dass der Geist Gottes zwar darüber gewacht hat, was letztendlich für alle Zeiten überliefert wurde, aber die Persönlichkeiten der Schreiber mit ihrer Lebensgeschichte, ihrer Bildung und ihrem Stil voll zum Tragen kommen. In der Bibel steht der hochgebildete und mehrsprachige Paulus unverwechselbar neben dem einfachen Fischer Petrus, der historisch arbeitende Grieche Lukas (Lukas 1,1-4) verfasst ein völlig anderes Evangelium als der eher vergeistigte, ein vom Aramäisch beeinflusstes Griechisch schreibende Jude Johannes, und die Klagelieder des gescheiterten Propheten Jeremia (jedenfalls hörte man nicht auf ihn) hätte der erfolgreiche Prophet Daniel nicht geschrieben und nicht schreiben können. Auf die vier unterschiedlichen Evangelien wurde schon hingewiesen.

Zeitloser Text oder Geschichte im Mittelpunkt?

*Auch wenn der **Koran** in einer geschichtlichen Situation offenbart wurde, ist er grundsätzlich ewig und will nicht vor allem Geschichte berichten, sondern zur Unterwerfung unter den ewigen Schöpfer aufrufen. Geschichtliche Ereignisse spielen im Koran eine untergeordnete Rolle, sodass er auch kaum historische Aussagen enthält, die man überprüfen oder anzweifeln könnte.*

*Die **Bibel** ist im mehrfachen Sinne ein Geschichtsbuch. Zum einen berichten große Teile der Bibel Geschichte, denn Gott ist ein geschichtlich handelnder Gott. Zum Zweiten stehen ihre Autoren oder Handlungspersonen oft im Mittelpunkt und sind eng mit der Entstehung etlicher biblischer Bücher verwoben. Zum Dritten ist die Offenbarung der Bibel eine geschichtlich fortschreitende, das heißt, dass es oft wichtig ist, zu wissen, aus welcher Zeit welche Texte stammen und frühere Teile durch spätere oft überboten oder sogar aufgehoben werden. Denn viele alttestamentliche Forderungen sind zum Beispiel heute nicht mehr bindend, wie auch nicht alles, was Jesus vor seiner Kreuzigung tat, hinterher zur Norm erhoben wurde.*

Dass der **Koran** in gewissem Sinne zeitlos ist, ergibt sich natürlich schon daraus, dass seine »Urschrift« oder »Mutterschrift« bereits ewig im Himmel existierte. »Die Inhalte des Koran, die Mohammed zu lesen bekam, wurden nicht als Berichte von Ereignissen aus der Geschichte verfasst. Sie sind in diesem Sinne zeit- und geschichtslos. Zwar finden sich Kommentare und Anweisungen zu Situationen aus dem Leben Mohammeds. Doch wurden diese schon festgelegt, bevor es Mohammed gab. Und Allah entwarf das Buch so, dass es genau zu Mohammeds Leben passen würde.«[23]

Das führt dazu, dass der Koran in seiner Anlage nicht historisch orientiert ist und selbst wenn er vergangene Ereignisse berichtet, diese selten mit greifbaren historischen Angaben versieht. »Die Geschichte vor Muhammad wird zwar angedeutet, aber sie bleibt im Großen und Ganzen im Unpräzisen. Der Koran enthält keine Chronologie, keine Daten zur Geschichte vor Muhammad. Der Koran deutet viele Ereignisse nur an, wie z. B. dass vor Muhammad Propheten wie Adam oder Abraham auftraten. Der Koran sagt jedoch nichts darüber aus, in welchen Jahren oder Zeitabläufen sie gelebt und gepredigt haben ...«[24] (s. z. B. Noah in Sure 71,1. 21. 26 oder Mose in 79,14).

Hinzu kommt, dass die 114 Suren des Korans weder in einer historischen Abfolge im Koran noch ihre Verse in sich historisch angeordnet sind. Die Suren sind im Prinzip der Länge nach geordnet; nur die Einleitungssure 1 bildet eine Ausnahme. Sure 2 hat 286 Verse, Sure 114 drei Verse. Die einzelnen Suren bilden keine in sich abgeschlossenen Erzählungen, sondern sind aus einzelnen Sequenzen von einem oder mehreren Versen mit häufig wechselnden Themen zusammengestellt, je nachdem wie Muhammad sie einst rezitierte und sie gesammelt wurden. Nur ganz wenige Erzählungen oder Themen sind in sich abgeschlossen, wie z. B. die Josefsgeschichte in Sure 12. Muslimische wie nichtmuslimische Koranwissenschaftler stimmen darin überein, dass insbesondere die längeren Suren nicht zusammenhängend offenbart, sondern mit großer Wahrscheinlichkeit später aus vielen Einzelversen zusammengefügt wurden.

So begegnen uns im Koran fast 20 alt- und neutestamentliche Personen, wie z. B. Adam, Abraham, Mose, Hiob, David,

Johannes der Täufer und natürlich Jesus Christus. Die koranischen Berichte über deren Wirken weichen teilweise stark von der Bibel ab, denn im Koran sind sie allesamt Vorbilder für die Sendung Muhammads. In diesen Prophetenerzählungen gibt es aber praktisch keine historische Abfolge der Ereignisse oder Datierung der Berichte, in der Regel auch keine abgeschlossene Prophetenerzählung mit Anfang und Ende, sondern eher nur Anspielungen auf die Propheten. »Es handelt sich dabei nicht um historische Berichte; deren Kenntnis wird eher vorausgesetzt«[25], schreibt Murad Hofmann.

Aus dem Koran selbst lässt sich auch keine Biografie Muhammads erstellen, vielmehr sind dazu die Überlieferung (*Hadithe*) und die frühen Prophetenbiografien nötig. Deswegen liefert der Koran auch wenig Anhaltspunkte für eine historische Korankritik, was auch dann gelten würde, wenn diese im Islam zulässig wäre.

»Die **Bibel** berichtet von Gottes Geschichte mit den Menschen. Sie entfaltet Geschichte progressiv von der Schöpfung bis zur Offenbarung. Sie enthält aber auch Profangeschichte, sie nennt konkrete Daten, Zahlen, Namen oder Geschlechtsregister. Diese Angaben scheinen uns heute kaum von großer Bedeutung zu sein. Sie bringen jedoch zum Ausdruck, dass die Bibel ein geschichtliches Dokument sein möchte.«[26]

Das schriftliche Wort Gottes ist oft einfach das historische Zeugnis von Gottes Handeln in der Geschichte, im Auszug aus Ägypten, im Bundesschluss am Sinai, bei der Einweihung des Tempels ebenso wie in der Passionswoche Jesu oder auf dem Apostelkonzil. Damit macht sich die Bibel immer wieder selbst von der historischen Realität der von ihr berichteten Ereignisse abhängig (z. B. in Bezug auf die Auferstehung in 1. Korinther 15,1-8.14-20a).

Dies erhebt die Schrift aber gerade nicht über die geschichtliche Wahrheit und die historische Überprüfbarkeit, sondern begründet umgekehrt den Anspruch, dass eine historische Überprüfung die Wahrheit der Schrift erweisen wird – womit

Freund und Feind zur historischen Arbeit eingeladen werden, so etwa wenn Paulus auf die noch lebenden Augenzeugen der Auferstehung verweist (1. Korinther 15,5).

Keine heilige Schrift hat ihre Texte derartig in der jeweiligen Geschichte der Verfasser, der Umwelt und der heilsgeschichtlichen Situation verankert wie die Bibel. Das bedeutet, dass die Schrift selbst ungemein viel historisches Material und damit Ansatzpunkte für die Kritik liefert und mehr als jede andere heilige Schrift einer Religion über die historische Entstehung von einzelnen ihrer Teile berichtet (z. B. 5. Mose 31,22-26; Josua 1,8; 24,26; Sprüche 1,1; 30,1; 31,1; Jeremia 1,1-3; Lukas 1,1-4; Offenbarung 1,9-11). Es ist kein Wunder, dass die spätere kritische Erforschung der Bibel so leicht die Vorgeschichte der biblischen Bücher erforschen und kritisieren konnte. Tausende von historischen, chronologischen und geografischen Angaben in der Bibel sorgen seit Jahrhunderten für ein Programm ohne Ende für Archäologen, Historiker und Kulturwissenschaftler.

Letztlich wurzelt bekanntlich das gesamte Konzept des modernen, westlichen Geschichtsverständnisses im jüdisch-christlichen Denken, weswegen man die Bibel nicht gegen die historische Wissenschaftlichkeit stellen darf.[27]

Zeitlose Gültigkeit oder Gültigkeit in heilsgeschichtlicher Entwicklung?

*Der **Koran** geht davon aus, dass alle Propheten zu allen Zeiten dieselbe Botschaft hatten und es zwischen Erschaffung des Menschen und dem Jüngsten Gericht nur einen zeitlosen und gleichbleibenden Willen Gottes gibt.*

*Die **Bibel** setzt eine fortschreitende Offenbarung voraus und geht davon aus, dass mit der Entwicklung der Heilsgeschichte* *die Erkenntnis zunimmt, aber auch frühere Stufen der Offenbarung hinfällig werden.*

Im **Koran** haben alle Propheten dieselbe Aufgabe und Botschaft, wie sie dann schließlich auch Muhammad hat. Auch die früheren Schriften Tora, Psalmen und Evangelien hatten prinzipiell keinen anderen Inhalt und enthielten dieselben zeitlosen Forderungen wie der Koran. Deswegen ist auch für kein Gebot die Frage von Belang, wann es offenbart wurde oder für welche Zeit es offenbart wurde.

In der **Bibel** spielt die *Heilsgeschichte* eine herausragende Rolle. Die Zeiten vor, während und nach dem aaronitischen Priestertum werden etwa klar unterschieden und unterscheiden sich auch in Bezug auf alle Aspekte des Gottesdienstes. Abraham opferte an jedem Ort auf einem selbst errichteten Altar, später folgte die Stiftshütte, ein transportables Heiligtum, das die Wanderungen der Israeliten begleitete. Schließlich wurde sie in Jerusalem stationiert. Es folgten der erste und der zweite Tempel und schließlich im NT die Gemeinde Jesu als unsichtbarer Tempel und faktisch die Zerstörung des sichtbaren Tempels. All diese Entwicklungsstufen widersprechen sich nicht, sondern gehören organisch zusammen, sind jedoch mit vielen weiteren Bestimmungen und geistlichen Wahrheiten verbunden, die sich jeweils mit veränderten. Sie sind alle nicht ungültig in dem Sinn, dass die christliche Kirche aus ihnen keine geistlichen Wahrheiten mehr entnehmen könnte, aber zum größten Teil im praktischen Vollzug hinfällig. Christen studieren die Opfer des AT, ordnen sie aber heilsgeschichtlich ein und bringen sie selbst nicht mehr dar. Sie können den Kreuzestod Jesu ohne alttestamentlichen Hintergrund nicht verstehen, obwohl gerade er große Teile des AT außer Kraft gesetzt hat.

Beim Studium der Bibel ist es immer wichtig, die Ereignisse, Ordnungen und Gebote heilsgeschichtlich einzuordnen. So kam auch eine vorkritische Theologie nie daran vorbei, den geschichtlichen Charakter der Bibel für die Auslegung voll und ganz zu berücksichtigen.

Als Beispiel mag die politische Entwicklung dienen, durchläuft die Bibel doch ungezählte politische Systeme. Am Anfang der Bibel stehen Älteste und Stammesfürsten. Es folgen Richter, ein Bundesstaat mit einem Rat, das Königtum in unterschiedlicher Ausprägung und immer wieder Fremdherrschaft. In neutestamentlicher Zeit überträgt Jesus die Loyalität der Gläubigen gegenüber dem jüdischen Staat, die zeitweise auch zur Loyalität gegenüber dem Israel jeweils beherrschenden Staat geworden war (z. B. Josef in Ägypten, Daniel in Babylon), auf den römischen Staat: »Gebt dem Kaiser, was des Kaisers ist, und Gott, was Gottes ist« (Matthäus 22,21; Markus 12,17; Lukas 20,25), und Paulus wies die Christen an, dem römischen Staat zu gehorchen (Römer 13,17). Für das Verständnis von Bibeltexten ist immer zu berücksichtigen, in welcher politischen Struktur und Umwelt etwas gesagt wurde.

Verehrung des gedruckten Exemplars oder Nutzung als Gebrauchsgegenstand?

Exemplare des ***Korans*** *werden von Muslimen mit besonderer Hochachtung behandelt und verehrt, eine abfällige Behandlung eines Koranexemplars wird als Gotteslästerung empfunden.*

Exemplare der ***Bibel*** *sind Gebrauchsgegenstände, die von überzeugten Christen oft stark abgenutzt und durch Anstreichungen versehen werden. Teure Bibelexemplare werden eher wegen ihres künstlerischen, materiellen, historischen oder persönlichen Wertes geschätzt.*

Im Islam wird der **Koran** nicht nur wegen seines Inhaltes verehrt, sondern auch das einzelne Koranexemplar, gleich ob früher das geschriebene oder heute das gedruckte. Ein Koranexemplar wird als Zeichen der Verehrung geküsst und mit großer Sorgfalt behandelt, in Tuch eingeschlagen an einen besonders exponierten Ort und nach oben gelegt, niemals auf den Boden. Ein Koranexemplar soll nur nach einer rituellen Waschung, jedenfalls niemals mit unreinen Händen oder in sonstwie unreinem Zustand (z. B. während der Menstruationszeit) berührt und geküsst werden. Es darf nicht beschmutzt, beschädigt, zerrissen, verbrannt oder weggeworfen werden, sodass es für den strengen Muslim nicht möglich ist, eine Zeitung mit Koranversen ins Altpapier zu geben. Der Koran darf an keinen Ort mitgenommen werden, wo Verunreinigung nicht zu vermeiden ist. Im Prinzip gilt dies sogar für jede geschriebene Koransure und jeden damit versehenen Gegenstand. All das gilt als Gotteslästerung und wird in vielen islamischen Ländern als schweres Vergehen und Abfall vom Glauben angesehen und oft mit Gefängnis oder gar der Todesstrafe geahndet.

Der Koran hat Segenskraft (arab. *baraka*), was Koranexemplare, aber auch nur einzelne niedergeschriebene Verse zum Segnen oder zum Beispiel zur Krankenheilung geeignet macht. Auch wenn dies nicht immer der offiziellen Theologie entspricht, werden Koranverse in Wasser getaucht, das dann getrunken wird, oder in einem Lederbeutel als Amulett getragen. »Deshalb hat ein Koranvers, der auf Fahrzeuge, Bilder oder Ähnliches geschrieben ist, einen anderen Zweck als Verse, die Christen sich an die Wand hängen oder auswendig lernen: Die Koranverse sollen schützen, Kraft entfalten, wirken.«[28]

»... niemals schreibt man etwas in den Koran hinein oder markiert Koranverse. ... Muslime sind befremdet, wenn sie sehen, wie ›locker‹ Christen mit der Bibel umgehen.«[29]

Der »lockere« Umgang mit der **Bibel** kann für Christen gerade ein Zeichen dafür sein, dass ein Mensch mit der Bibel lebt. Das häufige Studium der Bibel kommt gerade in abgegriffenen Exemplaren zum Ausdruck. So kann auch eine Bibel, die nicht mehr benötigt wird, problemlos entsorgt und durch eine neue ersetzt werden. Von dem Umgang mit einem Exemplar der Bibel wird nicht automatisch auf das Verhältnis zu Gott geschlossen.

Selbst dort, wo in der christlichen Liturgie ein Bibelexemplar besonders verehrt und etwa in der Liturgie geküsst oder hochgehalten oder als Altarbibel ausgestellt wird, gilt die Verehrung nicht dem Exemplar, sondern dem Inhalt. Selbstverständlich hat die christliche Kunstgeschichte wunderschöne Bibelausgaben hervorgebracht, und manch ein Bibelleser hat sich für seine Bibel einen ganz besonderen Einband besorgt. Doch immer ehrt das den Inhalt, nicht das spezielle Bibelexemplar.

Überlegenheit oder Selbstkritik?

*Der **Koran** will vor allem die Überlegenheit Gottes, seiner Offenbarung, seines Propheten Muhammad und der Gläubigen begründen und verkündigen.*

*Wo sich der **Koran** gegen andere richtet, sind es deswegen nicht die Gläubigen, sondern andere. Selbstkritik würde bedeuten, die Überlegenheit der Wahrheit infrage zu stellen.*

*Die **Bibel** will vor allem Gottes Mitleid mit der im Unfrieden mit ihm lebenden Welt und dem Volk Gottes, sofern es sich von ihm abgewandt hat, begründen und verkündigen.*

*Wo sich die **Bibel** gegen andere wendet, sind es vor allem die Juden im AT und die Christen im NT selbst. Die Ungläubigen oder die Heiden werden sogar den Gläubigen gelegentlich als Vorbild vor Augen gehalten. Die Bibel ist nicht sehr nützlich,* *wenn es darum geht, den Zustand der Christen oder der Juden zu feiern. Vielmehr richtet die Offenbarung der Bibel sich sehr häufig selbstkritisch gegen das Gottesvolk selbst und nennt oft die wahre Lage schonungslos beim Namen.*

Im **Koran** wird zwischen den Menschen unterschieden, die sich mit den Propheten Gott unterwerfen und deswegen in jeder Hinsicht siegen werden, und den Ungläubigen, die sich nicht Gott unterwerfen und deswegen scheitern. Er will vor allem die Überlegenheit Gottes, seines Propheten Muhammad und der Gläubigen begründen. Die »Überlegenheit«[30] des Korans und der »Sieg«[31] (Sure 110,1) des Islam werden dabei nicht als anstößig empfunden, sondern als zwangsläufige Folge der Wahrheit.

Der Islam will den Gläubigen nicht durch Selbstkritik den Mut nehmen und die klare Wahrheit verschleiern. Das hat auch mit dem Verständnis der Sünde zu tun, wie wir noch sehen werden, denn der Mensch gilt als grundsätzlich jederzeit zum Guten fähig.

Die **Bibel** ist voller kritischer Berichte über das Volk Gottes. Zwar verkündigt das AT vehement den Monotheismus, offenbart aber ebenso schonungslos, wie schwer er unter den Juden durchzusetzen war. Ehebruch und Mord des David schwächen nicht die Psalmen, sondern liefern den Anlass für den bedeutendsten Bußpsalm des AT und der Kirchengeschichte (Psalm 51 zu 2. Samuel 6-7). Nicht nur David, auch Mose und Paulus waren früher Mörder. Die Fehler des Petrus, der Jesu Leiden für sinnlos hielt und kurz vor der Kreuzigung garantierte, Jesus nie zu verleugnen (Matthäus 26,33-35) und der vom Apostel Paulus scharf kritisiert werden musste, weil er nicht mit den Heidenchristen essen wollte (Galater 2,11-14), erfahren wir nicht aus gegnerischen Schriften, sondern aus dem NT. Das NT berichtet sowohl, dass die Urgemeinde sehr früh begann, ein Sozialprogramm aufzubauen (Apostelgeschichte 6), wie auch, dass die reichen Gemeindeglieder oft Arme in der Gemeinde hungern ließen (1. Korinther 11,21-22) oder den Lohn nicht pünktlich ausbezahlten (Jakobus 5,4). Ganze Bücher des AT widmen sich dem schonungslosen Offenlegen der Zustände unter den Juden (z. B. der Prophet Micha), ganze Bücher des NT legen die schlimme Situation in christlichen Gemeinden bloß (z. B. 1. Korinther).

Es sind im AT nicht die heidnischen Völker und im NT nicht die Römer und Griechen, deren Gräueltaten und irrige Anschauungen im Mittelpunkt stehen, sondern rein vom Umfang her die Fehler des angeblichen oder tatsächlichen Volkes Gottes. In der Gemeinde in Korinth fand Paulus eine Form des Inzests vor, die »es nicht einmal unter den Heiden gibt« (1. Korinther 5,1). Allzu oft muss Gott Außenseiter berufen, um sein Volk zur Räson zu bringen.

In keiner Religion kommen die Anhänger der eigenen Religion so schlecht weg wie im AT und NT. Die Lehre, dass auch Juden und Christen Sünder und zu den schlimmsten Taten fähig sind, wird in der Bibel sehr anschaulich vor Augen geführt. So schreibt Paulus den Christen: »Darum, wer meint, er stehe, mag zusehen, dass er nicht falle« (1. Korinther 10,12), und ermahnt sie angesichts des Gerichts über die Juden, dass sie sich nicht für etwas Besseres halten sollen: »Sei nicht stolz, sondern fürchte dich!« (Römer 11,18-22).

Selbstkritik gehört zum Wesen des Christseins. Christ werden bedeutet nämlich, zunächst sich selbst als Sünder zu sehen, nicht die Fehler bei anderen zu erkennen. Christen sind nicht besser, sondern nur besser dran. Christsein heißt nach Luther, dass ein Bettler dem anderen sagt, wo es etwas zu essen gibt. Paulus schreibt etwa: »Denn ich bin der Geringste unter den Aposteln. Denn ich bin es nicht wert, Apostel genannt zu werden, denn ich habe die Gemeinde Gottes verfolgt. Aber durch Gottes Gnade bin ich, was ich bin« (1. Korinther 15,9-10).

Mit seiner heiligen Schrift ist dem Christentum eine schonungslose und ehrliche Selbstanalyse ins Stammbuch geschrieben worden. Das hat die Geschichte des Christentums geprägt.

Die Kreuzzüge haben christliche (und nicht muslimische) Historiker aufgearbeitet, und keine Religion steht so eindeutig zu ihren Fehlern in ihrer mehrtausendjährigen Geschichte wie das Christentum. Und es ist kein Zufall, dass die kritische Geschichtswissenschaft im christlichen Abendland entstand und sich dort auch gegen die Kirchen entfalten konnte.

Die Selbstkritik ist tief im Zentrum der christlichen Botschaft – dem Evangelium von der Vergebung – verwurzelt. In den ersten Kapiteln der Bibel wird berichtet, dass die Abwendung des Menschen von Gott im Sündenfall zur Folge hatte, dass die Menschen begannen, die Schuld bei anderen zu suchen (1. Mose 3,11-13). Seitdem finden die Menschen die Schuld für alles Mögliche bei anderen, im ganz privaten Bereich genauso wie in der hohen Politik. Doch auch wenn echte Ursachenforschung sicherlich auch ihre Berechtigung hat: Christsein bedeutet nicht, dass man die Schuld bei anderen sucht, sondern dass man sie zunächst bei sich selbst sucht. Jesus verwirft die Worte des Pharisäers: »Ich danke dir, Gott, dass ich nicht bin wie die andern …« und preist die Worte des Zöllners: »Gott, sei mir Sünder gnädig« (Lukas 18,11-14). In der Bibel beginnt Glaube mit der Erkenntnis der eigenen Unzulänglichkeit.

Ein jüdischer Autor schreibt: »Im Gegensatz zur heiligen Schrift des Mohammed ist die hebräische Bibel kein Buch, sondern eine Bibliothek. Sie ist ein bunter Flickenteppich aus Erzählungen, an dem ein ganzes Volk über Jahrtausende gewebt hat. Keine Untat der Kinder Israel wird in diesem unvergleichlichen Konvolut ausgelassen, kein Verbrechen ihrer größten Könige verschwiegen. ›Bis hin zum Neuen Testament‹, meint Paul Badde, ›kann man fast jedes Buch der Bibel auch als Einspruch, Widerspruch oder kritischen Kommentar der früheren und eigenen Geschichte verstehen.‹ Das Ergebnis dieser historischen Offenherzigkeit ist, dass Selbstkritik in der jüdisch-christlichen Welt seither als Tugend gilt: als ein Zeichen von Stärke, nicht als Eingeständnis der Schwäche. Im Islam ist das anders: Kritik an der eigenen Geschichte? Undenkbar, eine Blasphemie! Sie würde der Offenbarung die Grundlage entziehen. Sie wäre eine Beleidigung des Propheten. Und so gibt es in muslimisch geprägten Ländern bis heute weder Redefreiheit noch Debatten in frei gewählten Parlamenten.«[32]

Eben diese Selbstkritik gebietet, darauf hinzuweisen, dass das Christentum diesem selbstkritischen Anspruch in seiner Geschichte oft genug nicht gerecht wurde und ein falsches politisch-religiöses Überlegenheitsgefühl und eine allzu irdische Welteroberungsmentalität an den Tag gelegt hat. Aber ebenso muss man auch sehen, dass das Christentum nicht zufällig die Fehler seiner Geschichte selbst aufgearbeitet hat und kritische Kirchengeschichte keine Erfindung seiner Gegner war, sondern von ihm selbst immer schon praktiziert wurde.

Glaube: Unterwerfung oder Vertrauen mit Klage und Zweifel?

Im ***Koran*** *sind Zweifel und Klagen an Gott und an der koranischen Offenbarung ausgeschlossen und werden als unmittelbarer Angriff auf Gott verstanden.*

In die ***Bibel*** *sind ganze Bücher mit Zweifeln und Klagen aufgenommen worden (z. B. Klagelieder Jeremias, Klagepsalmen), und die Bibel ermuntert dazu, sich mit Klagen und Zweifeln an Gott zu wenden und sie in der Beziehung zu ihm zu durchleiden und zu überwinden.*

Der **Koran** kennt und enthält keine Klagen, die sich an Gott richten. Er hält Zweifel an Gott und an den islamischen Grundlehren für unzulässig und geht davon aus, dass sie beim wahrhaft Gläubigen nicht vorkommen. Für einen Muslim können Klagen und Zweifel niemals Bestandteil eines Gespräches mit

Gott sein, weil das die Erhabenheit und Stellung als Schöpfer und Herr infrage stellen würde. Gottes Güte und sein Erbarmen auch nur kurzzeitig zu hinterfragen, wäre bereits ein Beweis des Undanks und Unglaubens des Menschen. Es steht dem Menschen nicht zu, den allmächtigen Schöpfer und Herrn der Welt anzuklagen, ihn zur Rechenschaft zu ziehen oder sein Handeln zu hinterfragen, und sei es auch nur um der Diskussion willen.

Da der Mensch immer Gottes Diener und Unterworfener bleibt, ist die einzige ihm zustehende Haltung das demütige Annehmen des Willens Gottes in Offenbarung und tatsächlicher Geschichte. »In der Konsequenz dieses Glaubens ist es für den Koran nicht denkbar, dass sich die gläubigen Menschen klagend oder gar anklagend gegen Gott wenden, wie es in biblischen Zeugnissen der Fall ist. ... Der Koran verwehrt den Menschen, dass sie derart von ihren eigenen Bedürfnissen bewegt, Gott zur Rechenschaft ziehen: ›Er wird nicht zu dem befragt, was er tut; sie aber werden befragt‹ (21.23). Hier ist kein Raum für Stimmen der Bestürzung über die Unordnung der Welt und das Leiden der Gerechten, erst recht nicht für das theoretische Theodizee-Problem, wie Gott Derartiges zulassen oder gar selbst bewirken könne. Unerschüttert steht solchen Anfechtungen die Behauptung entgegen, dass alles Geschaffene schlechthin vollkommen sei: ›Du kannst an der Schöpfung des Barmherzigen keinen Mangel sehen. So wende deinen Blick um: Siehst du irgendeinen Schaden? Dann wende deinen Blick zweimal um! Er kehrt zu dir beschämt und erschöpft zurück.‹ (67.3 f.)«[33]

In der **Bibel** werden Zweifel und Klagen häufig thematisiert und sind ein normaler Bestandteil einer lebendigen Beziehung zu Gott, auch wenn es dann auch darum geht, Klage und Zweifel zu überwinden und Vertrauen zu fassen. Ganze Bücher sind diesem Thema gewidmet. Die Klagelieder des Jeremia (Klagelieder 1-5; Jeremia 11-20) zeigen nicht den Propheten, der über das Böse triumphiert, sondern den angefochtenen

Menschen, der durch seine Zweifel hindurch die tiefsten Erfahrungen mit Gott macht. Dasselbe gilt für die Depressionen des Propheten Elia (1. Könige 19). Die Klagepsalmen sind bis heute für Judentum und Christentum prägend (z. B. Psalm 3; 5; 6; 13; 44; 74; 77; 79). Im Buch Hiob wird Gott nicht glatt als das Höchste und Schönste verkündigt, sondern nach endlosen Dialogen bleibt er letztlich doch der Schöpfer und Freund, an dem man auch im Leid und in Verwirrung festhält.

»So hält etwa der Prophet Jeremia Gott beunruhigt und herausfordernd entgegen: ›Du bleibst im Recht, Herr, wenn ich mit dir streite, doch ich muss mit dir rechten. Warum ist der Weg der Frevler erfolgreich und leben alle Verräter sicher? ... Wie lang noch soll das Land trauern und das Grün des ganzen Feldes verdorren?‹ (12,1.4). Und der Psalmist ruft im Wechsel energischer Imperative und eindringlicher Fragen Gott zu: ›Wach auf! Warum schläfst du, Herr? Werde wach! Verstoß uns nicht für immer! Warum verbirgst du dein Gesicht, vergisst unser Elend und unsere Not? ... Steh auf und hilf uns! Befreie uns in deiner Güte!‹ (Psalm 44,24-27).«[34]

Wissenschaft: zur Verteidigung der Schrift oder zu ihrem besseren Verständnis?

Für die Auslegung des ***Korans*** *gibt es keine Hermeneutik und Literaturwissenschaft und wenn doch, dann eine spezielle, die für keinen anderen Text gilt. »Wissenschaftliche Literatur zum Koran« meint deswegen Literatur, die den Koran als höchste Leistung der Wissenschaft darstellt und verteidigt oder die sich mit dem rechten Rezitieren des Korans beschäftigt.*[35]

*Die **Bibel** unterliegt in ihrer Auslegung hermeneutischen und literaturwissenschaftlichen Prinzipien wie jeder andere Text. »Wissenschaftliche Literatur zur Bibel« meint deswegen Literatur, die für andere vernünftig nachvollziehbar die Bedeutung, Geschichte und Umwelt der Bibel kommentiert und erforscht und damit hilft, sie besser zu verstehen oder heute richtig anzuwenden. Auch hinterfragt solche »wissenschaftliche Literatur« die Auslegungen früherer Generationen und setzt sich kritisch mit ihrem Anspruch auseinander.*

Der **Koran** ist kein menschlicher Text, den man wie jeden anderen Text untersuchen könnte. Nicht nur der Inhalt des Korans, sondern auch sein Text sind vollkommen (Sure 10,1). Zwar gibt es eine lange Geschichte der Koran-Exegese, die insbesondere mithilfe der »Überlieferung« (*Hadith*), also den gesammelten Worten und Handlungen Muhammads und seiner Gefährten, die Bedeutung des Korantextes diskutiert, aber dabei sind außerislamische Quellen und Ergebnisse von Sprach- und Literaturwissenschaft nicht von Bedeutung.

Ulrich Neuenhausen schreibt kritisch aus christlicher Sicht: »Wer also menschlichen Stil im Koran entdecken will, der ist schon ein ›Ungläubiger‹. Es verwundert deshalb nicht, dass selbst islamische Wissenschaftler, wenn sie denn rational und kritisch an den Text des Korans herangehen, aus der Glaubensgemeinschaft der Muslime ausgeschlossen werden. Wer einen Muslim nach ›wissenschaftlicher‹ Literatur über den Koran fragt, erhält denn auch fast immer ›apologetische‹ Literatur, nämlich Bücher von überzeugten Muslimen, die sich noch vor der Untersuchung des Korans die Verteidigung ihres Glaubens vorgenommen haben.«[36]

Nichts in der **Bibel** deutet darauf hin, dass ihr Verständnis nicht mit allem, was auch sonst hilft, menschliche Sprache zu verstehen, gefördert werden dürfe. Auch die Inspiration der Schrift und die Betonung, dass man den Heiligen Geist braucht, um die Schrift wirklich und geistlich zu verstehen

(2. Petrus 1,19-21), wurde nie so verstanden, dass außerbiblisches oder außerchristliches Wissen prinzipiell nicht angewandt werden dürfte, um die Bibel zu erforschen oder dass man mit der Bibel in der Hand die Augen vor irgendwelchen Tatsachen verschließen müsse.

Die Bibel wurde schon früh in viele andere Sprachen übersetzt, was der Sprachwissenschaft schon immer eine besondere Bedeutung für den Umgang mit der Bibel verlieh. Bereits die Kirchenväter der ersten Jahrhunderte haben eifrig unterschiedliche Literaturgattungen in der Bibel ausgemacht (z. B. Gleichnisse Jesu oder Rachepsalmen) und über ihre korrekten Auslegungsregeln diskutiert.

Der (auch) wissenschaftliche Umgang mit der Schrift gründet in der Bedeutung des Verstandes in der Schrift selbst, der zwar Gott, Christus und ihrer Offenbarung untergeordnet bleiben soll (2. Korinther 10,4-5; Psalm 111,10), zugleich aber das Werkzeug ist, mit dem menschliche Sprache und Kommunikation und somit auch die Schrift entschlüsselt werden[37] und dessen sich der Heilige Geist bedient, um seine Offenbarung zu vermitteln und verständlich zu machen (1. Korinther 14,15.19). Deswegen widerspricht selbst ein »bibeltreues« Schriftverständnis nicht einer durchdachten Hermeneutik[38] und einem vernünftigen Bewusstmachen und Hinterfragen der eigenen Auslegungsregeln, sondern bedingt diese geradezu. Die Auslegungen der Vergangenheit stehen dabei immer und immer wieder auf dem Prüfstand.

Textkritik ja oder nein?

Textkritik am ***Koran*** *(also eine Sichtung und Wertung von Original-Handschriften) ist nicht vorgesehen, denn es gilt die Einheitlichkeit der Überlieferung.*

*Textkritik an der **Bibel** ist immer zulässig gewesen und schon früh von den Kirchenvätern, Reformatoren und Pietisten praktiziert worden. Textkritische Textausgaben mit verschiedenen Lesarten hat es immer gegeben.*

Dass der **Koran** bei Muhammads Tod (632 n. Chr.) nicht als vollständiger Text vorlag, ist zwar auch von muslimischer Seite unbestritten. Die einzelnen Teile sollen von Zetteln, Steinen, Palmstängeln und den Herzen der Menschen zusammengetragen worden sein. Es existierte wohl eine Art schriftliche Vorform zum heutigen Koran, jedoch keine vollständige Sammlung. Erst der dritte Kalif Uthman (644-656) sammelte nach Auffassung der meisten muslimischen Theologen alle Versionen und überprüfte die Berechtigung der einzelnen Abschnitte, und die von ihm um 650 n. Chr. zusammengestellte Koranausgabe wurde für alle verbindlich. Ebenso gibt es etliche auch textkritische Probleme, die die islamische Theologie immer intensiv diskutiert hat, darunter auch die »Abrogation« von bereits offenbarten Versen des Korans, die wieder von Gott getilgt wurden.

Aber das ändert nichts daran, dass Textkritik als solche nicht zulässig ist, sondern der heute vorliegende Text in seiner Überlieferung als einheitlich und unverfälscht gilt. Es gibt keine textkritische Ausgabe des Korans, die verschiedene Überlieferungen miteinander vergleicht, weder von Muslimen noch von anderen Forschern.

Die Geschichte der **Bibel** war auch immer eine Geschichte der Textkritik. Lange bevor die Textkritik Teil moderner historisch-kritischer Methoden wurde, haben gerade Männer, die die Inspiration der Bibel hoch veranschlagten, umfangreiche textkritische Studien betrieben, darunter die meisten bedeutenden Kirchenväter und viele Reformatoren. Die meisten Herausgeber textkritischer Ausgaben, die zahlreiche Handschriften miteinander verglichen, gehörten eher dem an, was wir heute »bibeltreu« nennen würden, so etwa Erasmus von

Rotterdam, Calvins Nachfolger Theodor Beza oder der führende Pietist Johann Albrecht Bengel.

Kurzum, da die Bibel immer auch als ein menschliches Buch galt, ging man immer davon aus, dass sie im Hinblick auf das fortdauernde Abschreiben von Texten normalen Prinzipien menschlicher Überlieferung unterliegt und es keine andere Bibel gibt als die aus möglichst vielen und zuverlässigen Handschriften zusammengestellte.

Vergleich zwischen dem Inspirationsverständnis von Bibel und Koran	
Koran	**Bibel**
A. Gott und Mensch oder nur Gott?	
1. Nur Gott ist Autor (100 % göttlich, 0 % menschlich).	1. Gott und Mensch sind beide Autoren (Komplementarität zu je 100 %).
2. Der Koran wurde nicht geschrieben, sondern »herabgesandt«, und war im Himmel immer schon als ewige »Mutterschrift« bei Gott fertig.	2. Die Bibel entstand sukzessive im Laufe einer langen Geschichte; die einzelnen Bücher jeweils, wenn Menschen sie niederschrieben oder zusammenstellten.
3. Kein menschlicher Autor, nur ein Empfänger	3. Zahlreiche und vielfältige Autoren
4. Hat nichts mit irgendeiner menschlichen Persönlichkeit zu tun	4. Spiegelt die menschliche Persönlichkeit der jeweiligen Autoren wider
5. Der Koran findet keine Begründung in der Lebensgeschichte Muhammads.	5. Die Texte sind meist eng mit der Lebensgeschichte ihrer Verfasser oder der dargestellten Personen verquickt.
B. Vielfältige normale Sprache oder einheitliche, heilige Sprache?	
6. Ein einheitliches Buch	6. Sammlung von 66 Schriften
7. Einheitlicher Stil	7. Große literarische Vielfalt
8. Perfektion der Sprache als Zeichen des Wundercharakters des Korans	8. Keine Perfektion der Sprache, sondern »normale« Sprache; grammatische »Fehler« selbstverständlich; viele Sprachstile und sprachliche Eigenheiten

9. Heilige Sprache	9. Keine heilige Sprache, mehrere Sprachen und Sprachstile, wichtige Aussagen nur in Übersetzung erhalten (z. B. Jesusworte)
10. Weltweit sind die täglichen Pflichtgebete und das Glaubensbekenntnis nur in der Sprache des Korans angenehm vor Gott.	10. Gebete sind in jeder Sprache der Erde möglich.
11. Verlesen (Rezitieren) des Korans auf Arabisch ist erforderlich und verdienstvoll, auch wenn Hörer und Leser das klassische Arabisch nicht verstehen.	11. Verlesen der Bibel in den Ursprachen ist sinnlos, wenn Leser und Hörer diese Sprachen nicht verstehen.
C. Wissenschaftlicher Umgang oder reine Verteidigung?	
12. Übersetzung eigentlich nicht möglich; Koranübersetzungen sind Interpretationen.	12. Verpflichtung zur Übersetzung und Verständlichmachung
13. Textkritik ist nicht zulässig	13. Textkritik ist zulässig und Teil der Geschichte
14. Glaubenssatz der Einheitlichkeit der Überlieferung	14. Textkritische Textausgaben mit verschiedenen Lesarten seit frühester Zeit
15. Keine Hermeneutik und Literaturwissenschaft für die Koranauslegung, wenn doch, dann eine spezielle, die für keinen anderen Text gilt	15. Die Bibel unterliegt in ihrer Auslegung hermeneutischen und literaturwissenschaftlichen Prinzipien wie jeder andere Text auch
16.»Wissenschaftliche Literatur zum Koran« meint Literatur, die den Koran als höchste Leistung der Wissenschaft darstellt und verteidigt.	16. »Wissenschaftliche Literatur zur Bibel« meint Literatur, die für andere vernünftig nachvollziehbar die Bedeutung, Geschichte und Umwelt der Bibel kommentiert und erforscht.

D. Geschichtliches Buch oder geschichtsloses Buch?	
17. In 22 Jahren herabgesandt und im Himmel immer schon vorhanden	17. Im Laufe von Jahrhunderten entstanden
18. Innerhalb einer Kultur offenbart	18. In unterschiedlichen Kulturen niedergeschrieben.
19. In einem kleinen geografischen Gebiet offenbart	19. An den unterschiedlichsten geografischen Orten niedergeschrieben und zusammengestellt
20. Keine historischen Details über eigene Entstehung, zumal es keine historische Entstehung gibt	20. Viele Details über eigene historische Entstehung finden sich in der Bibel selbst.
21. Kaum greifbare historische Angaben	21. Viele historische, chronologische, geografische Angaben; häufige Verknüpfung mit der Geschichte anderer Völker.
22. Zunächst für die arabische Welt	22. Für unterschiedliche, letztlich für alle Völker
23. Äußerster Respekt und Verehrung gegenüber dem einzelnen Buchexemplar	23. Keine besondere Wertschätzung des einzelnen Buchexemplars
E. Zweifel, Klage, Vertrauen oder für richtig halten?	
24. Zweifel und Klagen gegenüber Gott sind ausgeschlossen und nicht im Buch zu finden.	24. Zweifel und Klagen gegenüber Gott sind in das Wort Gottes aufgenommen worden (z. B. Klagelieder Jeremias, Klagepsalmen).
25. Glaube = für wahr halten und sich Gott unterwerfen	25. Glaube = für wahr halten und Vertrauen auf Gott
26. Gott ist nicht an sein Wort gebunden, sondern auch darin souverän und unerforschlich.	26. Gott legt sich per Eid selbst fest. Er schließt einen Bund mit Menschen. Er bindet sich an sein Wort.

27. Keine letzte Gewissheit, da Gott souverän bleibt und am Ende ganz frei auch anders entscheiden kann	27. Gewissheit des Glaubens und des Heils, da Gott sich mit Eid an seine Heilszusage bindet
F. Offenbart Gott sich oder bleibt er verborgen?	
28. Gott offenbart sich nicht und bleibt trotz der Herabsendung des Korans verborgen. 29. Gott bleibt verborgen, er sendet nur ein Buch herab. 30. Keine Offenbarung Gottes in persona 31. Der Fastenmonat Ramadan feiert die Herabsendung des Korans. Er endet mit dem Fest des Fastenbrechens und hat einen Höhepunkt gegen Ende in der »Nacht der Macht«, in der die erste Offenbarung an Muhammad geschah. 32. Der Religionsstifter Muhammad steht unter der Heiligen Schrift. Er erhält seine Bedeutung von der Schrift, da er ihr Empfänger ist.	28. Gottes Wort gilt als echte Offenbarung des Wesens Gottes. 29. Gott offenbart sich selbst in der biblischen Offenbarung und noch viel mehr in seinem Sohn Jesus Christus, auf den die biblische Offenbarung abzielt und der Gott als Mensch offenbart. 30. Jesus Christus ist das fleischgewordene Wort Gottes, womit die eigentliche Offenbarung Gottes in persona geschieht. 31. Es gibt viele christliche Feste, die sich auf Jesus beziehen, aber keines, das die Bibel feiert. 32. Der Stifter Jesus steht über der Heiligen Schrift. Sie erhält ihre Bedeutung von ihm. Jesus ist das eigentliche »Wort Gottes«, die Schrift legt als »Wort Gottes« von ihm Zeugnis ab.
G. Selbstkritik oder Triumph?	
33. Keine vergleichbare Unterscheidung zwischen Buchstabe und Geist, der Buchstabe ist der Geist	33. Unterscheidung zwischen Buchstaben und Geist, das heißt zwischen tötender Umsetzung des Formalen und lebendigem Erfülltsein mit Sinn und Botschaft

34. Triumph der Gläubigen; keine kritische Darstellung der Gläubigen, demgegenüber nimmt die Kritik an den anderen den größten Raum ein; Ungläubige können nie Vorbilder sein.	34. Kritische Darstellung der Gläubigen bei »Versagen«, demgegenüber nimmt die Kritik an anderen viel weniger Raum ein, und Ungläubige können Gläubigen als Vorbild hingestellt werden.
35. Keine Selbstkritik der Gläubigen im Buch selbst	35. Ständige Selbstkritik der Gläubigen im Buch selbst
36. Abwehr oder mit Strafe belegtes Verbot jeder Selbstkritik und Prüfung der eigenen Religion	36. Gebot der Selbstkritik und Prüfung der eigenen Religion

II. Das Verhältnis zu Gott, wie es durch sein Wort entsteht

Hat sich Gott offenbart?

*Auch wenn die Offenbarung im **Koran** von Gott kommt, ist sie keine Offenbarung Gottes selbst und seines Wesens, da der ewige Schöpfer selbst für das Geschöpf verborgen bleibt.*

*Die **Bibel** hat vor allem das Ziel, Gott selbst und sein Wesen zu offenbaren und eine Vertrauensbeziehung zu ihm aufzubauen. Da dies das eigentliche Ziel der Offenbarung ist, ist es kein Zufall, dass die Bibel Gottes Offenbarung seiner selbst in der Menschwerdung des Gottessohnes Jesus Christus als ihre eigene Bestätigung und Überbietung ansieht.*

»Im **Koran** bzw. im Islam offenbart sich Gott selbst eigentlich gar nicht. Gott ist ein Geheimnis, so lehrt es die islamische Theologie. Er ist von der Schöpfung getrennt. ›Schleier umgeben ihn‹, so hat die Philosophie formuliert. Er existiert in einem Raum, zu dem der Mensch keinen Zutritt hat. Der Mensch kann von sich aus keine Verbindung zu Gott herstellen. Es existiert keine Brücke zwischen Schöpfer und Geschöpf. Auch seine Offenbarung sendet Gott dem Menschen nicht direkt, sondern mittels des Engels Gabriel. Die Überlieferung beschreibt es so, dass Gott hinter einem Vorhang spricht, den der Mensch von seiner Seite aus nicht durchdringen kann. Er kann Gott nicht erkennen, er kann Gott nicht erfassen und nicht verstehen … Gott ist also nach islamischem Offenbarungsverständnis aus dem Schleier der Verborgenheit nie herausgetreten. Er hat zwar seine Botschaft übermittelt, er sendet den Menschen Zeichen (z. B. mit seiner Schöpfung). Der Koran ist der Auffassung, dass jeder Mensch Gott an der Schöpfung erkennen kann. Aber von sich selbst und seinem Wesen hat er nichts übermittelt.«[39]

Die **Bibel** sieht in der göttlichen Offenbarung durch Propheten und Apostel und vor allem in Jesus Christus eine wirkliche Offenbarung Gottes seiner selbst. Gott will Menschen nahe kommen, Frieden und Versöhnung mit den Menschen schaffen und eine vertrauensvolle Beziehung der Menschen mit Gott erreichen.

Nach dem NT können Menschen Gott, den Vater, von sich aus nicht erkennen (Johannes 1,18; 5,37; 6,46; Matthäus 11,27; 1. Timotheus 6,16; 1. Johannes 4,12) und wissen von sich aus nichts über Gott (Hiob 36,26). Doch der Gott der Liebe (2. Korinther 13,1; 1. Johannes 4,8.16) hat sich selbst als der erste Missionar zum Menschen gesandt (1. Mose 3,9) und dann sich selbst in Jesus Christus (Matthäus 10,40; Markus 9,37; Lukas 10,16; Apostelgeschichte 3,20.26; Johannes 3,17 u. ö.; vgl. Jesaja 48,16) und dann auch im Heiligen Geist (Johannes 14,26; 15,26; Lukas 24,49) als Missionar schlechthin zum Menschen gesandt. Deswegen sagt Jesus: »Wer mich sieht, sieht den Vater« (Johannes 14,9; ähnlich 12,45). In Jesus Christus wohnt Gott unter den Menschen (Johannes 1,14). Im Heiligen Geist »wohnt« Gott in den Gläubigen (Römer 8,9), »denn die Liebe Gottes ist ausgegossen in unsere Herzen durch den Heiligen Geist, der uns gegeben ist« (Römer 5,5).

<table>
<tr><th colspan="2">Gott</th></tr>
<tr><td colspan="2">Christen und Muslime glauben an Gott, den Schöpfer des Himmels und der Erde und den Schöpfer jedes einzelnen Menschen. Er allein ist allmächtig und hat seine Geschichte mit den Menschen sowie seinen Willen in seinem Buch niedergelegt. Am Ende der Zeiten wird er alle Menschen im Gericht zur Verantwortung ziehen.</td></tr>
<tr><th>Koran</th><th>Bibel</th></tr>
<tr><td>1. Gott (Allah) ist der Schöpfer der Welt und jedes einzelnen Menschen, aber er ist völlig transzendent, d. h. ganz von der Schöpfung getrennt. Es gibt keine Brücke zwischen dem Schöpfer und dem Geschöpf (Sure 55,1-78;6,100-101).</td><td>1. Gott schuf den Menschen als sein Ebenbild und Gegenüber. Er offenbart sein Wesen in der Schöpfung in seinem Wort. Jesus ist die Brücke zwischen Gott und Mensch, denn in ihm wurde Gott Mensch (Johannes 1,14-15).</td></tr>
<tr><td>2. Gott hat keine Kinder, und es gibt nichts, was ihm gleich wäre. Jesus ist nicht Gott und darf nicht als Gott verehrt werden. Der Glaube an die Dreieinigkeit ist Vielgötterei, die schlimmste, unvergebbare Sünde im Islam, denn Vielgötterei ist »Beigesellung« eines anderen Wesens neben den Allmächtigen (Sure 5,72-73.75; 4,171-172).</td><td>2. Gottes einziger Sohn ist Jesus Christus. Jesus kam als Mensch auf die Erde und ist doch selbst Gott. Vater, Sohn und Heiliger Geist sind/ist ein einziger dreieiniger Gott (Johannes 1,1-2; Matthäus 28,20). Neben ihm darf kein anderer Gott verehrt werden (2. Mose 20,1-3).</td></tr>
<tr><td>3. Gott ist der Schöpfer, aber weder der Vater der Gläubigen noch der Vater Jesu Christi. Der Koran klagt die Christen an, drei Götter, nämlich Gott, Jesus und Maria, anzubeten und damit Vielgötterei zu betreiben (Sure 9,30-31).</td><td>3. Gott ist der Vater Jesu Christi. Wer Gott durch den Geist als Vater anruft, ist sein Kind (Römer 8,15-17). Die Dreieinigkeit besteht aus Vater, Sohn und Heiligem Geist (Matthäus 28,19). Maria ist nur Mensch und hat keinen Anteil an der Dreieinigkeit.</td></tr>
</table>

4. Gott hat immer wieder durch Propheten gesprochen, die stets dieselbe Offenbarung von dem einen allmächtigen Gott und dem drohenden Gericht verkündigten (Sure 6,74-90).	4. Der dreieinige Gott hat sich in der Zeit vor Jesus vielfältig und fortschreitend als Gott und Herr offenbart. Er sprach durch viele Glaubenszeugen und Propheten und am Ende durch seinen Sohn Jesus Christus (Hebräer 1,1-2; 11).
5. Gott hat sich im Koran als der ewige, einzige, allmächtige, allwissende und barmherzige Gott offenbart, nicht aber sich selbst (Sure 7,156; 35,15).	5. Der Gott der Bibel hat sich selbst als ewig, majestätisch, allwissend und vollkommen offenbart und will Menschen, die in personaler Gemeinschaft mit ihm leben, selbst Wahrheit, Leben, Licht, Liebe und Gerechtigkeit sein (2. Mose 15,11; Psalm 147,5; 1. Johannes 4,7-9.16).

Glaube als Anerkennung der alleinigen Herrschaft Gottes oder Glaube als gegenseitige Vertrauensbeziehung?

*Im **Koran** drückt sich Glaube (arab. iman) an Gott in der Anerkennung des alleinigen, ewigen Gottes und seiner Allmacht und Herrschaft aus. Glaube ist demütige Hingabe an Gott und die Unterwerfung (»Islam«) unter seinen Willen. Letzteres bedeutet, dass der Mensch das meidet, was Gott als Böses sieht, und das tut, was Gott gut nennt, also insbesondere die fünf Säulen des Islam befolgt.*

*Zentrum der **Bibel** ist die Überzeugung, dass »Glaube« (hebr.* emuna, *griech.* pistis, *lat.* fides*) eine Reaktion auf Gottes »Treue« und ein auf Gott gerichtetes, festes Vertrauen und Ausdruck der persönlichen Beziehung des Menschen zu Gott ist, auch wenn dafür die Anerkennung bestimmter Glaubens-*

wahrheiten eingeschlossen wird und davon ausgegangen wird, dass der an Gott Glaubende auch dessen Willen tun möchte. Das Vertrauen auf Gott ist aber gerade auch angesichts des Umstandes nötig, dass der Glaubende oft den Willen Gottes nicht tut. Glaube ist dabei eine gegenseitige Vertrauensbeziehung, weil für die »Treue« Gottes dasselbe Wort verwendet wird.

Glaube ist im **Koran** und im Islam vor allem Anerkennung der Herrschaft und Allmacht Gottes, also die demütige Hingabe an Gott und die Unterwerfung unter seinen moralischen und geschichtlichen Willen. Der Glaube an Gott bedingt den Glauben an das Gericht, die Engel, die Heiligen Schriften und die Propheten (Sure 2,177). Glauben beschränkt sich jedoch nicht auf ein theoretisches Für-wahr-Halten bestimmter Wahrheiten, sondern hat Konsequenzen, nämlich das Gute zu tun und das Böse zu meiden (Sure 3,110), zu »glauben und das Rechte zu tun« (Sure 2,25), die fünf Säulen des Islam zu befolgen und das Leben im Diesseits stets in der Verantwortung vor Gott und von dem Wissen um das sichere Kommen des Jenseits her zu gestalten.

Das islamische Glaubensbekenntnis (arab. *shahada*), die erste der fünf Säulen des Islam, lautet: »Ich bezeuge: Es gibt keinen Gott außer Allah, und ich bezeuge, Muhammad ist sein Prophet«, wobei es stets nur auf Arabisch gesprochen wird.[40] Damit wird die Einzigartigkeit Gottes (arab. *tauhid*) ins Zentrum gestellt sowie die Sendung Muhammads als Prophet Gottes, die diese Einzigartigkeit verkündigte. Das Bekenntnis wird täglich mehrfach beim rituellen Gebet gesprochen und ist damit fester Bestandteil der Glaubensausübung für alle Männer und Frauen jenseits der Pubertät. Mit dem Aussprechen des Glaubensbekenntnis vor zwei Zeugen oder einem Imam oder Qadi tritt ein Nichtmuslim unumkehrbar zum Islam über.

In der **Bibel** ist Glaube ein auf Gott gerichtetes festes Vertrauen und Ausdruck der persönlichen guten Beziehung des

Menschen zu Gott und derselbe Begriff, der auch die »Treue« Gottes zum Menschen bezeichnet. Glaube hat im AT und NT nämlich aktive und passive Bedeutung. Erstere betrifft die Treue zu einer Person oder einem Versprechen; Letztere das Vertrauen in die Zusage eines anderen. Was Glaube ist, kann man an den Menschen Gottes, die Gott ihr Leben in unerschütterlichem Vertrauen und Gehorsam hingaben, durch die ganze Geschichte hindurch lernen (Hebräer 11).

Schon im AT meint Glaube nicht nur eine bloße Anerkennung von Lehrsätzen oder äußeres Einverständnis mit einem Gesetz, sondern ein tiefes und letztes Vertrauen in die Treue und Glaubwürdigkeit Gottes und liebenden Gehorsam gegenüber seinem Willen (5. Mose 32,20; Habakuk 2,4). Das NT lehnt ein reines Für-wahr-Halten ab: »Du glaubst, dass nur einer Gott ist? Du tust recht, die Teufel glauben auch und zittern« (Jakobus 2,19).

Im NT werden die Begriffe »Glaube« und »glauben« fast 500-mal verwendet. Die Grundaussage des NT besteht darin, dass Glaube an Gott und an die von seinem Sohn Jesus Christus erwirkte Erlösung zur Erlangung des ewigen Lebens nötig ist. Die ersten Christen nannten sich »Gläubige« oder »Glaubende« (Apostelgeschichte 2,44). In den Paulusbriefen wird der Glaube den eigenen Werken als Mittel der Erlösung entgegengesetzt (Römer 3,20-22). Glaube ist dort eine Gabe Gottes, um die der Mensch bitten kann und soll, die ihm aus eigener Kraft zu erwerben letztlich jedoch unmöglich ist, weswegen der Gläubige betet: »Ich glaube, hilf meinem Unglauben« (Markus 9,24).

Die guten Werke des Menschen sind in der Bibel selbstverständliche Folge des Glaubens, begründen den Glauben jedoch nicht: »So ist auch der Glaube, wenn er keine Werke hat, in sich selbst tot« (Jakobus 2,17). Die Bibel nennt das auch »Frucht bringen« (»Wer in mir bleibt und ich in ihm, der bringt viel Frucht«; Johannes 15,5) und begründet das mit dem Vorbild Jesu: »Wer sagt, dass er in ihm bleibe, ist schuldig, selbst auch so zu wandeln, wie er gewandelt ist« (1. Johannes 2,6).

Ist Gott frei von Bindung oder gebunden an seine Versprechen?

*Der **Koran** verkündigt einen Gott, der so absolut, souverän und unabhängig ist, sodass er sich dem Menschen nie gegenüber endgültig festlegen kann und will. Selbst bei Versprechen Gottes bleibt immer der Vorbehalt, dass er sich auch anders entscheiden kann und ihn niemand daran hindern kann, da er sonst dem Urteil der Menschen unterworfen wäre.*

*Die **Bibel** verkündigt einen Gott, der als Herr und Schöpfer absolut, souverän und unabhängig ist. Niemand könnte ihm wehren, wenn er seine Pläne ändern und seine Versprechen nicht halten würde. Der Mensch oder die Schöpfung können Gott nicht binden oder zwingen. Aber Gott bindet sich selbst an sein eigenes Wort und schwört bei sich selbst. Gott ist »treu« und absolut »zuverlässig«. Seine Souveränität kommt gerade darin zum Ausdruck, dass ihn niemand daran hindern kann, seine Pläne, Versprechen und Schwüre in die Tat umzusetzen und einzuhalten.*

Gott ist im **Koran** allmächtig und ist deswegen immer frei und souverän in seinen Entscheidungen. Dies gilt auch, wenn er Menschen Zusagen macht, denn es ist undenkbar, dass der Mensch später solche Zusagen einklagt oder meint, Gott sein Handeln vorschreiben zu können. Das gilt besonders für Gottes Entscheidung im Jüngsten Gericht. Sie schon jetzt und hier voraussagen zu können, würde voraussetzen, Gottes Allmacht zu beschränken und ihn in seiner Entscheidung festzulegen, was dem Menschen nicht zukäme.

Gott wird zwar als der Gnädige und Barmherzige, als der Verzeihende und Großmütige bezeichnet, aber über die Vergebung für sich selbst wird jeder gläubige Muslim erst nach seinem Tod letzte Gewissheit erlangen. »Nicht so der Herr der Welten, der mich erschaffen hat; er ist es, der mich rechtleitet ..., und er ist es, der mich sterben lassen wird und mich dann lebendig macht und von dem ich hoffe, dass er mir am Tag des Gerichts meine Sünde vergibt« (Sure 26,77-82).

Der Koran bezeichnet Gott an einigen Stellen als listig, wobei einige muslimische Ausleger das auf die Täuschung nur der Ungläubigen beziehen, andere auf alle Menschen, da man Gott weder beschränken noch im Voraus festlegen dürfe. »Er ist der, der die besten Listen ersinnt« (Sure 13,33) oder anders übersetzt: »Er ist voller Tücke« (Rudi Paret). »Da heckten sie (die Ungläubigen) Listen aus und Allah heckte Listen aus. Aber Allah ist der Beste derer, die aushecken«, oder anders übersetzt: »Allah schmiedet Ränke. Er kann es am besten« (Sure 8,30).

Der Koran kennt deswegen zwar viele Schwüre, aber keine, in denen sich Gott dem Menschen gegenüber verbindlich selbst festlegen würde[41], denn das würde Gott und Mensch auf eine Stufe stellen.

In der **Bibel** ist die wohl herausragendste Eigenschaft Gottes seine Verlässlichkeit und Treue (z. B. 2. Mose 34,6; Psalm 117,2). Er ist der »Gott der Treue« (Jesaja 65,16), der absolut vertrauenswürdig ist, denn was Gott versprochen hat, »das hält er gewiss« (Psalm 33,4). Das aus dieser »Treue« Gottes entstehende »Vertrauen« (»Glaube«) ist nicht zufällig zusammen mit der »Liebe« die häufigste und wichtigste Beschreibung des Verhältnisses zwischen Menschen und Gott.

Gott hat sich ein für alle Mal seinen Geschöpfen gegenüber auf seine Rettung und Erlösung festgelegt, um mit ihnen einen Bund zu schließen (1. Mose 12,1-3; 2. Mose 20,1-3), ihnen seine Gnade zu erweisen und sie vor der Sünde und dem Tod zu erretten (Jona 4,2). Gott beschwört den Bund zur Rettung der Menschen (Hebräer 5-6) mit einem unauflöslichen Eid bei sich selbst, »weil er bei keinem Größeren schwören konnte« (Hebräer 6,13). Kein Wunder, dass die Bundeszeichen (Sakramente), mit denen der Bundesbeginn (Taufe) und die ständige Bundeserneuerung (Abendmahl) des »Neuen Bundes« (1. Korinther 11,25) gefeiert werden, die äußerlichen Erkennungsmerkmale der christlichen Kirche sind.

Dass Gott bei sich selbst schwört, wird in der Bibel 82-mal direkt berichtet (vgl. Hebräer 6,13; 1. Mose 22,16; 2. Mose 32,13; 5. Mose 32,40; Jesaja 45,23; Jeremia 22,5; 44,26; 49,13; Amos 4,2; 6,8; Römer 14,11), 40 weitere Male schließt er einen Bund und gibt damit dem Menschen unverbrüchliche Gewissheit seines Wesens und Handelns. Denn ein Schwur soll nicht die Wahrheit allein begründen, was bei einem Gott, der nie lügt, unsinnig wäre. Die unbeeidete Botschaft, dass Ninive in 40 Tage untergehen würde (Jona 3,4), war wahr, ließ aber die Möglichkeit der Umkehr offen. Ein Schwur macht eine Aussage fest und unwiderruflich und unterstreicht deren Unverbrüchlichkeit und Unwiderrufbarkeit (Hebräer 6,16-18). Wenn niemand im AT und NT häufiger schwört als der Gott der Wahrheit, dann deswegen, weil Gott damit seine eigenen Aussagen unwiderruflich macht und sich selbst für die Zukunft bindet.

Es ist eine Besonderheit der biblischen Offenbarung in Christentum und Judentum, dass Gott einerseits absolut souverän ist, andererseits sich im Rahmen eines Bundes an die Menschen bindet und dabei sich selbst Verpflichtungen auferlegt, an denen er sich messen lässt. Dabei tritt Gott in seiner Gnade immer in Vorleistung. Klassisch wird das zu Beginn der Zehn Gebote deutlich: »Ich bin der Herr, dein Gott, der dich aus Ägypten errettet hat, du sollst …« (2. Mose 20,2-3a). Gott hat Israel erst befreit und dann zur Nachfolge verpflichtet, nicht umgekehrt.

Die Selbstfestlegung Gottes im Eid gehört zum Wesenskern des christlichen Glaubens. Es ist kein Zufall, dass diese absolute Zuverlässigkeit Gottes auch darin zum Ausdruck kommt, dass er seiner Offenbarung eine endgültige, schriftliche Form gegeben hat, in der Gott sich selbst im Evangelium festlegt. Und erst recht ist es kein Zufall, dass Gott diese Festlegung noch überboten hat, indem sein Sohn Jesus Christus Mensch wurde. Gerade die Gewissheit, dass Gott sich als Bundesgott offenbart, der sich dem Menschen gegenüber von sich aus in Liebe festlegt – ohne dass ihn der Mensch dazu zwingen könnte –, erklärt auch, warum die Heilige Schrift bzw. bestimmte Aussagen und Texte darin immer wieder als völlig glaubwürdig dargestellt werden (Psalm 119,43.160; 2. Timotheus 2,25; 1. Thessalonicher 2,13; Johannes 17,17).

Verbot der Prüfung Gottes oder Aufforderung zur Prüfung Gottes?

*Der **Koran** kennt den Gedanken nicht, dass man Gott und seine Zuverlässigkeit prüfen soll.*

*In der **Bibel** fordert Gott selbst die Gläubigen immer wieder dazu auf, seine Zuverlässigkeit zu prüfen.*

Der **Koran** berichtet sehr häufig davon, dass Gott die Menschen prüft (z. B. Sure 67,1), um zu sehen, wie sie zu ihm stehen. Aber umgekehrt steht es keinem Geschöpf zu, den Schöpfer zu prüfen oder ihn zur Rechenschaft zu ziehen. Noch einmal: Gott »wird nicht zu dem befragt, was er tut; sie aber werden befragt« (Sure 21,23).

In der **Bibel** führt die Betonung der Zuverlässigkeit Gottes immer wieder dazu, dass Gott nicht nur die Menschen prüft, sondern umgekehrt die Gläubigen von Gott aufgefordert werden, ihn zu prüfen (z. B. Maleachi 3,10) und mit ihm zu rechten (z. B. Jesaja 1,18; 41,1; 43,26; vgl. aber auch 45,9) und zu überprüfen, ob er sein Wort wirklich einhält. Gottes Selbstfestlegung, seine Offenbarung und sein Wort können an Gott angelegt werden. Das heißt, Gott wird zum Maßstab, an dem Gott gemessen werden darf.

Wenn ein Gläubiger Gott nicht versteht, soll er das nicht unterdrücken, sondern mit Gott besprechen, diskutieren und durchleben, ja wird von diesem selbst dazu aufgefordert. Zwar erweist sich Gott am Ende immer als vertrauenswürdig, aber nicht, weil Fragen und Prüfen verboten sind, sondern weil er sich angesichts der von ihm vorgegebenen Maßstäbe tatsächlich und real als zuverlässig erweist.

Nur deswegen lässt Gott es auch zu, dass er in Klageliedern und Klagepsalmen aufgrund seiner Zusagen und ihrer scheinbaren Nichteinhaltung erbittert angeklagt wird, wie wir bereits oben gesehen haben. Immer wieder wird die Frage gestellt, wie es in der Welt eines guten und liebenden Gottes so viel Elend und Leid geben kann (z. B. Psalm 73; Hiob; Klagelieder; Römer 9; 3,5-6; Buch Hiob). Aber nur wenn man davon ausgeht, dass es einen Maßstab für den allmächtigen Gott gibt, an dem er gemessen werden kann, nämlich seine Liebe und Güte, wird das Leiden an einer lieblosen und bösen Welt zum Problem. Paulus kann sogar fragen: »Ist denn Gott ungerecht?« (Römer 9,14). Er beantwortet die Frage zwar negativ (Römer 9,15-26), aber es ist typisch, dass diese Frage in der Bibel selbst gestellt und diskutiert wird.

Liebe als Reaktion Gottes oder als sein tiefster Wesenszug?

*Im **Koran** bedeutet Gottes Liebe, dass Gott sich dem Gläubigen, der seinen Willen tut, gnädig zuwendet. Gott liebt die, die ihm gehorchen.*

*In der **Bibel** bedeutet Gottes Liebe, dass Gott den Menschen nachgeht, die nichts von ihm wissen wollen und sie zu sich als Vater heimholt. Gott liebt die Menschen, damit sie ihm gehorchen.*

Zu den grundlegenden Aussagen des **Korans** gehört, dass »Gott gnädig und barmherzig ist« (Sure 4,16). Das wird bereits daran deutlich, dass alle 114 Suren des Korans (mit Ausnahme von Sure 9) mit der Einleitung beginnen: »Im Namen Gottes, des Gnädigen und Barmherzigen«. Es ist auch gelegentlich von Gottes »Liebe« die Rede, z. B.: »Denen, die glauben und tun, was recht ist, wird der Barmherzige dereinst Liebe zukommen lassen« (Sure 19,96). »Die Vertreter der Orthodoxie definieren die Liebe der Menschen zu Gott als die Bereitschaft, ihm zu gehorchen und zu dienen, als die Liebe zu seinen Bestimmungen, zu seiner Huld und zu seiner Belohnung. Denn, so argumentieren sie, die Liebe als gegenseitige Neigung wie unter Freunden oder gar unter Liebenden beinhaltet die Gleichstellung von Geliebtem und Liebendem. Aber die Transzendenz Gottes verbietet es, an eine solche Beziehung zwischen Gott und den Menschen zu denken. Daher ist die Annahme, dass zwischen den Menschen und Gott eine solche Liebe der Freundschaft und der Innigkeit bestehen kann, irrig, sie kommt einer unerträglichen Anmaßung von Seiten des Menschen und einer lästerlichen Herabwürdigung Gottes gleich.«[42]

Gottes Liebe darf also im Islam niemals mit der menschlichen Liebe verglichen werden. Auch hier müssen Gottes Größe und Allmacht, seine Transzendenz und völlige Andersartigkeit gewahrt bleiben, sodass ein Vergleich zum Menschen, zu zwischenmenschlichen Empfindungen oder Eigenschaften undenkbar wäre.

Zudem ist Gottes Liebe im Islam eine Antwort darauf, dass Menschen Gott gehorchen. »Sag: Wenn ihr Gott liebt, dann folgt mir, so wird Gott euch auch lieben und euch eure Schuld vergeben! Gott ist barmherzig und bereit zu vergeben« (Sure 3,31).

Die Liebe Gottes stellt nicht das Zentrum der Botschaft des Korans dar.[43] Dies ist vielmehr das Bekenntnis zur Einzigartigkeit und Einsheit Gottes (arab. *tauhîd*) sowie die Unterwerfung unter seine Allmacht und Stärke.

Die Aussage der **Bibel**: »Gott ist Liebe« (1. Johannes 4,8.16) gilt als herausragende Botschaft des Christentums. Gott ist nicht nur einer, der Liebe schenkt oder liebevoll handelt, sondern er ist identisch mit der Liebe, er ist der »Gott der Liebe« (2. Korinther 13,11). Die Liebe zu seinen Geschöpfen ist Beweggrund und Motor für Gottes Handeln in der Geschichte, insbesondere für die Befreiung Israels aus Ägypten und anderen Gefangenschaften und für die Sendung seines Sohnes Jesus Christus, denn »so sehr hat Gott die Welt geliebt, dass er seinen einzigen Sohn gab …« (Johannes 3,16). Der Mensch gewordene Sohn Gottes, Jesus, ist »die Liebe Gottes unter uns« (1. Johannes 4,9). Weil Gott selbst Liebe ist, geht alle Liebe von Gott aus (1. Johannes 4,7). Alle Beziehungen der Menschen untereinander und ihre Beziehung zu Gott sollen von Liebe geprägt sein, sonst sind sie letztlich wertlos. Das größte Opfer und die selbstloseste Tat sind vor Gott nichtig, wenn ihr Beweggrund nicht die Liebe zu Gott und dem Nächsten ist. Das »Hohelied der Liebe« in 1. Korinther 13,1-13 beschreibt dies eindrücklich: »Wenn ich mit Menschen und mit Engelszungen redete und hätte die Liebe nicht, so wäre ich ein tönendes Erz oder eine klingende Schelle. Und wenn ich prophetisch reden könnte und wüsste alle Geheimnisse und alle Erkenntnis und hätte allen Glauben, sodass ich Berge versetzen könnte, und hätte die Liebe nicht, so wäre ich nichts. Und wenn ich alle meine Habe den Armen gäbe und ließe meinen Leib brennen, und hätte die Liebe nicht, so wär mir's nichts nütze« (1. Korinther 13,1-3).

Weil Gott, der Ursprung aller Liebe, den Menschen seine Liebe schenkt, ist der Mensch in der Lage, seinerseits Gott zu lieben, weswegen es heißt: »Du sollst Gott, den Herrn, lieben von ganzem Herzen, von ganzer Seele und von ganzer

Kraft« (5. Mose 6,5), und daraus folgend: »Du sollst deinen Nächsten lieben wie dich selbst« (3. Mose 19,18), die beiden Gebote, die Jesus selbst immer wieder als die beiden höchsten Gebote bezeichnet hat (z. B. Matthäus 22,37-39). Deswegen sollen die Ehe (Epheser 5,25; Kolosser 3,19), die Familie, die Kirche (Johannes 13,35; 15,12; Epheser 4,1-3) und letztlich die Beziehungen zu allen Menschen bis hin zu den Feinden von Liebe geprägt sein. »Die Liebe sei ohne Falsch.... Einer komme dem anderen mit Ehrerbietung zuvor... Segnet, die euch verfolgen, segnet, und flucht nicht... Vielmehr, wenn dein Feind Hunger hat, gib ihm zu essen, hat er Durst, gib ihm zu trinken....« (Römer 12,9. 10. 13.14). Deswegen sagt Jesus in der Bergpredigt: »Liebt eure Feinde; tut wohl denen, die euch hassen« (Lukas 6,27; ähnlich 6,35; Matthäus 5,44).

Auch der Gedanke der Bibel, dass sich Liebe besonders im Opfer ausdrückt, ist dem Koran unbekannt. In der Bibel begegnet uns dieser Opfergedanke insbesondere beim Tod Jesu, bei dem Gott selbst derjenige ist, der die größte Liebe durch das größte Opfer aller Zeiten besiegelt (1. Johannes 4,9-10; Johannes 3,16), aber er gilt auch für Menschen, etwa wenn Jesus sagt: »Niemand hat größere Liebe als der, der sein Leben für seine Freunde lässt« (Johannes 15,13). Deswegen ist das Geheimnis der Ehe letztlich die Bereitschaft, nötigenfalls sein Leben für den anderen aus Liebe zu opfern (Epheser 5,25.28).

Es gibt noch einen tieferen Unterschied zwischen dem Liebesverständnis des Christentums und aller anderen Religionen, der mit der Dreieinigkeit und damit mit der Beziehung zwischen Vater, Sohn und Geist zu tun hat. Denn in der Dreieinigkeit wird die Liebe »innerhalb Gottes« selbst erst möglich und zur ungeschaffenen Realität, die nicht erst ein Gegenüber schaffen muss, um lieben zu können. Darauf wird aber unten noch eingegangen werden.

Die Betonung der Liebe Gottes ist auch der Grund, warum Gott im NT immer wieder als »Vater« beschrieben wird und

Christen ihn im Gebet »unser Vater« (Matthäus 5,9-13) oder »lieber Papa« (»Abba, lieber Vater«; Römer 8,15) nennen und das Gleichnis vom verlorenen Sohn eindrücklich beschreibt, dass Gottvater seine verlorenen Kinder wieder nach Hause einlädt (Lukas 15,11-32).

Gott: Herr oder Freund und Bruder?

*Nach dem **Koran** existiert ein großer Abstand zwischen Mensch und Gott. Niemals kann ein Mensch deswegen Gottes Freund oder Bruder werden.*

*In der **Bibel** darf Gott von Menschen Freund und Vater genannt, Jesus als Freund und Bruder bezeichnet werden.*

Im **Koran** kann Gott dem Menschen Gnadenerweise zukommen lassen, die der Mensch mit Dankbarkeit und der Anerkennung Gottes beantwortet, aber dieser Gehorsam Gott gegenüber kann niemals den Graben zwischen Schöpfer und Geschöpf verringern. Niemals könnte ein Mensch Gottes Kind, Bruder oder Freund werden.

Sure 6,127 nennt möglicherweise Gott »Freund« der Gläubigen, andere übersetzen mit »Beschützer«. Gemeint ist aber nur, dass Gott Gläubigen im Paradies eine Wohnung schafft. In Sure 7,155 nennt Mose Gott seinen »Freund« (auch hier übersetzen andere mit »Beschützer«) und bittet ihn um Erbarmen. Die muslimische Theologie betont, dass dies eine Ausnahme für Mose ist, die für niemanden sonst gilt.

In der **Bibel** darf Gott von Menschen »Vater« und »Freund« genannt werden. Titus 3,4 spricht von der »Freundlichkeit und Menschenliebe Gottes«, 1. Petrus 2,3 nennt Gott »freundlich«. Und der Gottessohn Jesus »schämt sich nicht«, die Gläubigen »Freunde« (Johannes 15,14-15; Lukas 12,4) und »Brüder«

(Hebräer 2,11) zu nennen. Ja, alle, die Jesus aufnehmen, bekommen das Recht, sich »Gottes Kinder« nennen zu dürfen (Johannes 1,12), denn sie sind »geliebte Kinder« (Epheser 5,1). Mit Mose redete Gott »wie mit einem Freund« (2. Mose 33,11). Gott ist Abrahams »Freund« (Jakobus 2,23), andernorts ist er Gottes »Geliebter« (Jesaja 41,8). Paulus schreibt den Römerbrief an »alle Geliebten Gottes« (Römer 1,7; ähnlich Kolosser 3,12; 2. Thessalonicher 2,13). Und Jesus nannte darüber hinaus natürlich oft Menschen seine Freunde (z. B. Lukas 12,4).

Der Religionsstifter als Kriegsherr oder als Friedensstifter?

*Im **Koran** bewährt sich der Religionsstifter gerade als Politiker und Kriegsherr. Ziel ist es, Glaube und Politik zu vereinen und den Staat dem organisierten Gottesvolk zu unterstellen.*

*In der **Bibel** verweigert sich der Religionsstifter der Politik und stirbt für das Heil der Welt. Die Aufgaben von Kirche und Staat sind verschieden, und die Christen werden dem nichtchristlichen Rechtsstaat unterstellt, auch wenn sie sich mit Sachverstand in Politik und Gesellschaft einbringen sollen.*

Der **Koran** berichtet, wie Muhammad durch Verkündigung und Kriege vom verspotteten Propheten in den letzten zehn Lebensjahren in Medina (622–632 n. Chr.) zum Staatschef und Herrn eines wachsenden Reiches wurde. Die islamische Herrschaft war also schon zu Muhammads Lebzeiten geistliche und weltliche Regentschaft zugleich. Es ist hier nicht der Platz, die Lebensgeschichte Muhammads und seiner Nachfolger näher auszuführen, und der Islam hat in seiner Geschichte unterschiedliche Staaten hervorgebracht. Aber von seinem Schriftverständnis her wird er immer darauf abzielen, dass nicht nur die Moschee, sondern auch der Staat dem islamischen Recht untersteht und die gesamte Schöpfung und Lebenswirklichkeit vom Koran her gestaltet wird.

Der neutestamentliche Teil der **Bibel** berichtet, dass die Verkündigung und das Wirken Jesu von Gewaltlosigkeit bestimmt waren, womit er sich entschieden von vielen Gruppen absetzte, die einen Umsturz mit Gewalt propagierten. Während die jüdische Messiaserwartung auf eine politische Herrschaft Israels über alle Welt hoffte, war für Jesus das Mittel zur Ausbreitung des Reiches Gottes die Umkehr und Bekehrung des Einzelnen zu einem neuen Leben, nicht aber Revolution und Zwang, denn: »Wer das Schwert nimmt, wird durch das Schwert umkommen« (Matthäus 26,52). Jesus sagte klar: »Selig sind die Friedfertigen; denn sie werden Gottes Kinder heißen« (Matthäus 5,9) und: »Mein Reich ist nicht von dieser Welt« (Johannes 18,36). Jesus setzte auf die schon vom AT mit den getrennten Königs- und Priesterämtern vorbereitete Trennung von Kirche und Staat, wenn er sagte: »Gebt dem Kaiser, was des Kaisers ist, und Gott, was Gottes ist« (Matthäus 22,21; Markus 12,17; Lukas 20,25). Und Paulus ordnet die Gemeinde dem römischen Rechtsstaat unter (Römer 13,1-7). »Diener Gottes« ist dort nicht die christliche Kirche, sondern der Staat, der auch Christen bestraft, die Böses tun.

Das Christentum hat in seiner zweitausendjährigen Geschichte und weltweiten geografischen Ausbreitung wahrscheinlich jede nur denkbare Spielart des Verhältnisses von Religion und Staat durchlaufen und dabei viele Fehler gemacht. Aber von seiner Grundausrichtung her kann die christliche Kirche nur einen *geistlichen* Auftrag sehen, den sie am besten ausüben kann, je weniger sie selbst die politische und wirtschaftliche Macht in Händen hält. Als prophetische Warnerin und Sachwalterin der Ethik kann die Kirche dem Staat einen guten Dienst erweisen, und engagierte gottesfürchtige Menschen können – wie Josef und Daniel – mit ihrem Sachverstand eine wichtige und der Gesellschaft wohltuende Rolle übernehmen, aber die Kirche hat selbst keinen Anspruch auf politische Macht.

Der Religionsstifter: Herr oder Diener?

*Im **Koran** steigt der Religionsstifter und Prophet zum erfolgreichen Herrn und Kriegsherrn auf. Der Stifter triumphiert, und durch seinen Erfolg wird sein Handeln beglaubigt. Gott ist Herr, und das bedeutet, dass er nicht dient.*

*In der **Bibel** steigt der Religionsstifter zum Diener der Menschheit herab. In der Bibel leidet der Stifter, und Gott beglaubigt sein Opfer durch die Auferstehung. Gott ist Herr, und gerade deswegen kann er den Menschen dienen.*

Zum **Koran** siehe den letzten Abschnitt.

In der **Bibel** hat das Dienen einen hohen Stellenwert. Frieden entsteht für Christen nicht durch Unterdrückung und Machtausübung, sondern durch Verzicht (1. Korinther 6,7), Höherachtung des anderen (Philipper 2,3) und Dienst (Galater 5,13).

Jesus sagt von sich: »Der Menschensohn ist nicht gekommen, um sich dienen zu lassen, sondern damit er diene und gebe sein Leben zu einer Erlösung für viele« (Matthäus 20,28; Markus 10,45), und zieht für die kommenden Leiter der Kirche daraus den Schluss: »So soll es nicht unter euch sein, sondern wer unter euch groß sein will, der sei euer Diener« (Matthäus 20,26; Markus 10,43; ähnlich Matthäus 23,11; Markus 9,35; Lukas 22,26). »Denn wer sich selbst erhöht, der wird erniedrigt; und wer sich selbst erniedrigt, der wird erhöht« (Matthäus 23,12). Jesus, der »Diener« (Lukas 22,27; 1. Korinther 12,5), lehrte Petrus das Dienen, sodass dieser wiederum schreibt: »Dient einander…« (1. Petrus 4,10).

Gebet vor allem als Pflichtgebet in Gemeinschaft oder vor allem als persönliches Gespräch mit dem Vater?

*Im **Koran** ist das Gebet die wichtigste Lebensäußerung der Beziehung zu Gott, d. h. der Unterwerfung unter Gott. Dabei stehen die vorformulierten und im rituellen Ablauf äußerst genau vorgeschriebenen täglichen Pflichtgebete im Mittelpunkt, auch wenn selbst formulierte Gebete möglich sind. Gebete in der Gemeinschaft sind wichtiger als persönliche Einzelgebete.*

*In der **Bibel** ist das Gebet die wichtigste Lebensäußerung der Beziehung zu Gott. Dabei stehen selbst formulierte Gebete in direkter Ansprache mit Gott im Zentrum, auch wenn liturgische Gebete aller Art wünschenswert und in großer Zahl in der Bibel selbst enthalten sind. Das Gebet »im Kämmerlein« steht vor jedem Gebet in der Gemeinschaft.*

Der **Koran** und die islamische Überlieferung (*Hadith*) schreibt dem Gläubigen das Pflichtgebet zu fünf bestimmten Tageszeiten vor und ruft das Wehe über die aus, die ihm nicht nachkommen (Sure 107,4-5). Ibn Rassoul schreibt: »Kinder sollten vom siebten Lebensjahr an von den Eltern durch Ermahnungen zum Gebet angehalten werden, vom zehnten Lebensjahr an auch notfalls, wenn es gar nicht anders geht, mit Schlägen.«[44]

Dies schließt zusätzliche eigene Gebete im Islam nicht aus: »Man unterscheidet die eigentlichen Pflichtgebete (*fard*), die keinesfalls unterlassen werden dürfen, von den sogenannten *sunna*-Gebeten, die den *fard*-Gebeten vorangehen oder folgen. *Nafl*-Gebete sind vollkommen freiwillige Gebete.«[45] »Es ist *Sunna*, nach dem Gebet einige Zeit in Andacht sitzen zu bleiben und Bittgebete zu sprechen, die man selbst mit eigenen Worten formulieren darf.«[46] Doch auch für diese eigenen Gebete gilt: »Das Gebet in der Gemeinschaft ist wertvoller als das Einzelgebet.«[47]

In der **Bibel** ist Gebet immer ein freiwilliges Gebet, niemals ein Pflichtgebet, und es gibt keine festen Vorschriften für Zeiten, Rituale oder Inhalte, so sehr ein geregeltes Gebetsleben auch hilfreich sein mag. Der Heilige Geist ruft in einem Menschen den Wunsch hervor, sich im Gebet mit allen Anliegen an Gott zu wenden und vertritt den Menschen vor Gott (Römer 8,26). Es ist ein persönliches Gespräch mit Gott und ein großes Vorrecht, denn der unerlöste Sünder ist nicht würdig, vor Gott zu treten. Nur weil Jesus den Betenden vor Gott vertritt und ihn von »aller Ungerechtigkeit« reinigt (1. Johannes 1,9) und weil der Heilige Geist »unserer Schwachheit aufhilft« und unser »Seufzen« (Römer 8,26) übersetzt, darf der Gläubige vor den »Thron der Gnade« (Hebräer 4,16) treten.

Jeder, der beten möchte, kann sich jederzeit und überall mit allen Anliegen an Gott wenden. Der Betende erwartet oft Weisung, Weisheit und Antwort von Gott, während das Gebet im Islam keine Antwort Allahs erwartet oder erbittet. Weil nach biblischer Auffassung Gott der Vater seiner Kinder ist, tut er ihnen Gutes (Matthäus 7,9) und erhört ihre Bitten. Gottes Kinder können sich an Gott mit der vertrauten Anrede »lieber Papa« (»Abba, lieber Vater«; Römer 8,15) wenden. Eine besondere Verheißung Gottes liegt auf dem einmütigen gemeinschaftlichen Gebet von Gläubigen (Matthäus 18,19-20).

Gerade als Jesus seinen Jüngern in der Bergpredigt das bedeutendste liturgische Gebet der Christen, das »Vaterunser« (Matthäus 6,9-13) gab, erklärte er: »Und wenn ihr betet, sollt ihr nicht viel plappern wie die Heiden. Denn sie meinen, sie werden erhört, wenn sie viele Worte machen« (Matthäus 6,8), und forderte auf, nicht zu beten, um gesehen zu werden (Matthäus 6,6), sondern: »Wenn du aber betest, so geh in dein Kämmerlein und schließ die Tür zu und bete zu deinem Vater, der im Verborgenen ist« (Matthäus 6,7).

Koran oder Jesus? Buch oder Person?

*Im Mittelpunkt des **Islam** steht neben Gott der Koran, also ein Buch, weil es aus der Ewigkeit in die Welt gesandt wurde.*

*Im Mittelpunkt des **Christentums** steht neben Gott Jesus Christus, also eine Person, weil sie aus der Ewigkeit in die Welt gesandt wurde.*

Auch wenn oben **Koran** und **Bibel** als »Wort Gottes« in ihrem Selbstverständnis miteinander verglichen wurden, ist die Bibel in gewissem Sinn eigentlich nicht das richtige Gegenüber zum Koran. »Der Koran kann im interreligiösen Vergleich nicht eigentlich neben die Bibel gestellt werden, sondern – bei allen Unterschieden, die dabei sichtbar werden – nur neben Jesus: ›Was Christus für das Christentum, das ist der Koran für den orthodoxen Islam.‹«[48]

Oder anders gesagt: »Im Mittelpunkt des Christentums steht eine Person, Christus; im Mittelpunkt des Islams dagegen ein Buch, der Koran.«[49] Das hat damit zu tun, dass im Islam der Koran direkt aus der Ewigkeit Gottes kommt, im Christentum aber nicht die geschichtlich entstandene Bibel, sondern Jesus, der Sohn Gottes, aus der Ewigkeit kommt.

Allerdings gilt für diese Gegenüberstellung eine Einschränkung, die Hans Zirker so formuliert: »Dies wird nicht hinreichend berücksichtigt, wo man vergleichend nur feststellt, wie das Christentum die ›Inkarnation‹ des Wortes Gottes, die

Menschwerdung, bekenne, so der Islam die ›Inlibration‹ – die ›Buchwerdung‹. Zwar ist diese Analogie insofern deutlich berechtigt, als das Christentum die unüberbietbare Offenbarung Gottes in Jesus Christus, der Islam sie im Koran sieht. Doch besteht dabei ein gravierender Unterschied, der den Begriff der ›Inlibration‹ fragwürdig werden lässt: ›Die Mutter der Schrift‹, das himmlische Buch, bleibt bei Gott, wird nicht selbst den Menschen zugesandt, sondern der Koran …; erst recht bleibt Gott als der absolut transzendente Schöpfer nach wie vor von aller Geschöpflichkeit geschieden. Deshalb bringt die Mitteilung von ›Gottes Wort‹ im Koran nicht – wie im christlichen Verständnis die ›Inkarnation‹ – Gott selbst zu geschichtlich-welthafter Gegenwart und Erfahrbarkeit. Offenbarung ist für den Islam nicht Selbstmitteilung Gottes.«[50]

Steht der Religionsstifter über oder unter der Heiligen Schrift?

*Im **Islam** steht der Religionsstifter Muhammad unter der Heiligen Schrift. Er erhält seine Bedeutung von der Schrift, da er ihr Empfänger und Verkündiger ist.*

*Im **Christentum** steht der Religionsstifter Jesus über der Heiligen Schrift. Sie erhält ihre Bedeutung von ihm. Jesus ist das eigentliche »Wort Gottes«, die Schrift legt als »Wort Gottes« von ihm Zeugnis ab.*

Im **Koran** wird Muhammad durch das Wunder des Korans selbst beglaubigt. Er ist in seiner Bedeutung ganz Gottes Wort unterstellt und nur als Überbringer und Prophet von Bedeutung. Als Muhammad weder von seinen arabischen Landsleuten noch von Juden und Christen als Prophet Gottes anerkannt wurde und auch das angedrohte Gericht nicht eintrat, musste er sich des zunehmenden Spotts und der Bedrohung in seiner Heimatstadt Mekka erwehren. Muhammads Zeitgenossen forderten von ihm ein Wunder, wie es alle früheren Propheten vollbracht hatten (Sure 20,133). Muhammad verwies stattdessen auf den Koran als sein Wunder, was seine Zeitgenossen zunächst nicht erkannten (Sure 11,13; 10,37-38), weswegen Muhammad sie aufforderte, ein dem Koran ähnliches Dokument zu erschaffen, was sie nicht vollbringen konnten (Sure 17,88). Die islamische Theologie nennt dies das »Beglaubigungswunder«, das Wunder zum Beweis des Prophetentums Muhammads.

In der **Bibel** wird Jesus als Gottessohn zwar nirgends gegen die schriftliche Offenbarung gestellt, aber doch deutlich gemacht, dass die Inkarnation Jesu als Mensch alle schriftliche Offenbarung und die gesamte Heilsgeschichte erfüllt, aber damit auch überbietet. So heißt es in Hebräer 1,1-4: »Nachdem Gott vorzeiten vielfach und auf vielerlei Weise geredet hat zu den Vätern durch die Propheten, hat er in diesen letzten Tagen zu uns geredet durch den Sohn, den er eingesetzt hat zum Erben über alles, durch den er auch die Welt gemacht hat.«

Selbst der Apostel Paulus schreibt: »Denn unser Wissen ist Stückwerk, und unser prophetisches Reden ist Stückwerk. Wenn aber kommen wird das Vollkommene, so wird das Stückwerk aufhören« (1. Korinther 13,9-10). Nie könnte die islamische Offenbarung sich als »Stückwerk« bezeichnen! Was aber ist dieses Vollkommene für Paulus? Es ist die ausstehende Begegnung mit Jesus Christus selbst: »Wir sehen jetzt durch einen Spiegel ein dunkles Bild; dann aber von Angesicht zu Angesicht. Jetzt erkenne ich stückweise; dann aber werde ich erkennen, wie ich erkannt bin« (1. Korinther 13,12).

Der katholische Weltkatechismus schreibt dazu: »Der christliche Glaube ist jedoch nicht eine ›Buchreligion‹. Das Christentum ist die Religion des ›Wortes‹ Gottes, ›nicht eines schriftlichen, stummen Wortes, sondern des menschgewordenen, lebendigen Wortes‹ (Bernhard, hom. miss. 4,11). Christus, das ewige Wort des lebendigen Gottes, muss durch den heiligen Geist unseren Geist ›für das Verständnis der Schrift‹ öffnen (Lukas 24,45), damit sie nicht toter Buchstabe bleibe« (§ 108).

Jesus ist nach neutestamentlichem Zeugnis »das Wort Gottes« (Johannes 1,1-3; Hebräer 11,1). In Jesus redet Gott in seiner ureigentlichsten Form. Die Theologie hat Christus deswegen einhellig als »Herrn der Schrift« gesehen. Jesus ist beispielsweise etwa »Herr über den Sabbat« (Matthäus 12,8), obwohl man vom Sabbat »im Gesetz lesen« kann (Matthäus 12,5).

Dass *Jesus* das Wort Gottes ist, wird heute oft als Begründung dafür verwendet, dass die Heilige Schrift *nicht* Wort Gottes sein könne. Aber dieselbe Schrift, die Jesus als das Wort Gottes benennt, sagt erstens, dass Jesus die »Worte Gottes« spricht (Johannes 3,34; 17,8; vgl. 8,28-29.31-32.46-47), zweitens, dass Jesus selbst die »Schrift« »Wort Gottes« (z. B. Markus 7,10-13) u. Ä. nennt und über die »Schrift« weitreichende, sie autorisierende Aussagen als Reden Gottes macht (z. B. Johannes 10,34; Markus 12,10; Markus 12,24). Dass Jesus das Wort Gottes ist, hebt im NT also nicht die göttliche Inspiration der Heiligen Schrift auf, macht aber deutlich, dass die eigentliche Offenbarung Gottes in der Inkarnation Gottes in seinem Sohn stattfand und die Heilige Schrift immer und ausschließlich nur im Rahmen der persönlichen Beziehung zu Gott und seinem Sohn zu verstehen ist.

Das Christentum verehrt seinen Stifter in gleicher Weise wie Gott selbst. Jesus ist für die Kirche nicht nur Urheber oder Wiederentdecker metaphysischer und ethischer Lehren, wie Buddha oder Konfuzius, nicht nur der Gesandte eines sich ihm offenbarenden Gottes, wie Mose oder Muhammad, nicht nur eine Inkarnation des Weltenherrn, der göttliche Weisheit verkündet, wie Krishna, sondern er ist dies alles zusammen und darüber hinaus Gott selbst. Er ist durch Geburt, Kreuzestod, Auferstehung und Himmelfahrt Mittel- und Wendepunkt der Weltgeschichte und als Weltenrichter im Jüngsten (= letzten)

Gericht und Zentrum der ewigen Gemeinschaft mit Gott das Ziel der Weltgeschichte. Jesus steht nicht nur am Anfang der christlichen Botschaft oder ist nur deren Vermittler, sondern schuf die reale Grundlage für sie, ja ist die Botschaft selbst.

Ein Fest für die Heilige Schrift?

Dass eigentlich Koran und Jesus gegenübergestellt werden müssen, wird auch an den jährlich begangenen Erinnerungsterminen von Islam und Christentum deutlich.

*Die Herabsendung des **Koran** wird an hohen islamischen Feiertagen gefeiert.*

*Das Christentum kennt keinen Feiertag für die **Bibel**, sondern nur für Jesus Christus.*

Im **Islam** ist neben dem Opferfest, das das Ende der Pilgerfahrt nach Mekka bezeichnet, der höchste islamische Feiertag das Fest des Fastenbrechens am Ende des Fastenmonats Ramadan. Der Ramadan wird gefeiert, weil in diesem Monat Muhammad die ersten Offenbarungen des Koran empfangen hat (Sure 2,185). Gegen Ende des Ramadan (meist in der Nacht vom 26. auf den 27. des Monats) wird zudem die Nacht der »Herabsendung« (arab. *tanzîl*) des Korans, die »Nacht der Macht« oder die »Nacht der Kraft« (arab. *laylatu l-qadr*) gefeiert (Sure 97,1-4; 44,2).

Das **Christentum** kennt keinen Feiertag oder eine sonstige zentrale Zeremonie für die Bibel. Alle großen Feiertage wie Weihnachten, Karfreitag und Ostern beziehen sich auf Jesus Christus und sein irdisches Wirken als Sohn Gottes – mit Ausnahme von Pfingsten, dem Fest des Heiligen Geistes, den Jesus an seiner Stelle sandte.

Jesus: Prophet oder Gott und Heilsbringer?

*Da der **Koran** später als die Bibel entstand und deswegen wiederholt auf das Christentum eingeht und es beurteilt, wird der Unterschied zwischen dem Selbstverständnis der Religionsstifter auch darin deutlich, dass Jesus im Koran als Prophet und als Muhammad und dem Koran untergeordnet vorgestellt wird, seine Sonderstellung, wie er sie im Christentum innehat, aber scharf abgelehnt wird.*

*In der **Bibel** ist nach christlichem Verständnis Jesus Gott selbst, der Mensch wurde und als Sohn Gottes stellvertretend für die Menschen litt, starb und auferstand und so das Heil wirkte. In Jesus Christus wurde das Wort Gottes Fleisch.*

Es ist im **Koran** undenkbar, dass ein Geschöpf göttliche Eigenschaften annimmt oder Anteil am göttlichen Wesen des Schöpfers erhält. Ebenso undenkbar ist es, dass Gott aus seiner Transzendenz heraustritt und menschliche Eigenschaften annimmt. Es ist daher im Koran unvorstellbar, dass Gott in Jesus Christus Geschöpf und Mensch werden konnte, da damit Gott den Menschen gleich geworden und als Mensch den Bedingungen des irdischen Lebens unterworfen worden wäre. Daher ist es für muslimische Theologen geradezu ein Beweis gegen die Göttlichkeit Jesu, dass er aß, trank und schlief und Schmerz, Verzweiflung und Trauer empfand wie jeder andere Mensch auch.

Jesus Christus (arab. *Isa Masih*) ist im Koran einer der bedeutendsten Propheten, wenn auch Muhammad nachgeordnet, den er als sein direkter Vorläufer ankündigt (Sure 61,6), ein sterblicher Mensch, der zu den Israeliten mit einer Schrift, dem *Indjil* (Evangelium), gesandt wurde (Sure 5,46). Geboren von Maria, einer gottesfürchtigen Jungfrau, verkündet Jesus den Glauben an den einen Gott und das baldige Gericht, gibt Almosen und verrichtet das rituelle islamische Gebet. Er ist das durch Gottes Reden erschaffene »Wort Gottes«, »Geist von ihm« (Sure 4,171), der »Diener Gottes« (Sure 4,172), »Prophet« (Sure 19,30) und »Gesandter« (Sure 4,157). Er tut Wunder, erweckt Tote zum Leben, heilt Kranke, belebt tote Materie und wird am Ende der Tage noch einmal auf die Erde zurückkehren.

Auf zentrale Lehrinhalte Jesu, von denen das NT berichtet, wie etwa die Bergpredigt, wird im Koran ebenso wenig eingegangen wie auf sein Verhältnis zu seinen Jüngern – sie werden im Koran kurz als »Helfer Gottes« (Sure 3,52) erwähnt. Jesu Sendung ist auch nicht mit der Frage nach der Erlösung verbunden. Jesus ist nicht gekreuzigt, aber wohl lebendig in den Himmel entrückt worden. Er ist nicht der Sohn Gottes, er hat keinen Anteil an der Dreifaltigkeit, er kann keine Sünde vergeben.

Im neutestamentlichen Teil der **Bibel** ist die zentrale Botschaft, dass Gott selbst in Jesus Christus Mensch geworden ist (1. Johannes 4,2; 2. Johannes 1,7) und das ewige »Wort« als Mensch »Fleisch« wurde (Johannes 1,14). Im Sinne traditioneller christlicher Theologie kann man die Christologie, wie sie die christlichen Konfessionen verbindet, so formulieren: »Der Sohn Gottes, die zweite Person in der Dreieinigkeit, der wahrer und ewiger Gott ist, eines Wesen mit dem Vater und ihm gleich, hat, als die Fülle der Zeit gekommen war, die menschliche Natur mit allen ihren wesentlichen Eigenschaften und allgemeinen Schwachheiten auf sich genommen, jedoch ohne Sünde. Er wurde durch die Kraft des Heiligen Geistes im Leib der Jungfrau Maria und aus ihrem Wesen empfangen, sodass zwei ganz vollkommene und unterschiedene Naturen, die Gottheit und die Menschheit, in der Einheit einer Person unzertrennlich miteinander verbunden wurden, ohne Verwandlung, Zusammensetzung oder Vermischung. Diese Person ist wahrer Gott und wahrer Mensch, jedoch ein einziger Christus, der einzige Mittler zwischen Gott und den Menschen.«[51]

Deswegen kann man Gott nicht anbeten und zugleich Jesus verwerfen, sondern Gott anzubeten, heißt, Jesus zu folgen und ihn als Gott zu verehren. In Johannes 8,37-59 erklären Jesu Zeitgenossen ihren kompromisslosen Monotheismus: »Wir haben nur einen Vater, Gott« (Johannes 8,41). Jesus antwortet ihnen umgehend: »Wenn Gott euer Vater wäre, würdet ihr mich lieben, denn ich bin von Gott ausgegangen und gekommen; denn ich bin auch nicht von mir selbst gekommen, sondern er hat mich gesandt« (Johannes 8,42; vgl. 8,55-58). Jesu Zuhörer waren verärgert, weil Jesus »Gott seinen eigenen Vater nannte und sich so selbst Gott gleich machte« (Johannes 5,18, vgl. 17-47). Jesus versteht auch das AT so und sagt deswegen seinen Gegnern: Gottes »Wort habt ihr nicht bleibend in euch, denn ihr glaubt dem nicht, den er gesandt hat. Ihr erforscht die Schriften, denn ihr meint, in ihnen ewiges Leben zu haben, und sie sind es tatsächlich, die von mir zeugen« (Johannes 5,38-39). Deswegen wird auch Mose (bzw. die Tora) schließlich ein Zeuge gegen die Ablehnung Jesu (Johannes 5,45-46).

Jesus Christus	
Sowohl der Koran als auch die Bibel sprechen von Jesus, den Gott zu Israel gesandt hat. Koran und Bibel nennen ihn »Christus«. Er wurde von einer Jungfrau Maria geboren und hat in Israel Wunder gewirkt. Er ist in den Himmel aufgefahren und wird am Ende der Tage noch einmal auf die Erde zurückkehren, um alle Menschen zu richten. Ihm werden einige der höchsten Ehrentitel unter allen Gesandten Gottes beigelegt.	
Koran	**Bibel**
1. Der Titel »Christus« (= Messias) wird im Koran zwar 11-mal als Zusatz zum Namen Jesus verwendet, aber nur als Name, nicht mit seiner (biblischen) Bedeutung als Retter und Gesalbter (Sure 3,45).	1. Der Titel »Christus« (»Messias«) bedeutet: der mit dem Heiligen Geist »Gesalbte«; er vereint die alttestamentlichen Ämter des Priesters, des Propheten und des Königs auf den Sohn Gottes, der zur Rettung der Welt gesandt ist (Lukas 1,26-38; 3,21-22).
2. Jesus (arab. *Isa*) wurde von Gott durch sein Wort (»Sei!«) erschaffen und durch Gottes Macht in die Jungfrau Maria versetzt. Er ist nur ein Mensch (Sure 3,59; 5,75; 5,116-117).	2. Jesus wurde vom Heiligen Geist in der Jungfrau Maria gezeugt und ist wahrer Mensch und wahrer Gott zugleich (Lukas 1,35). Er ist als Gott unerschaffen und von Ewigkeit zu Ewigkeit (Micha 5,1; Hebräer 7,3).
3. Jesus war nur ein Prophet, wenn auch einer der bedeutendsten Propheten der Geschichte. Bedeutender als Jesus ist jedoch Muhammad, das »Siegel der Propheten« (33,40; 61,6). Muhammads Kommen wird schon im AT durch Mose und Jesaja und im NT durch Jesus angekündigt (Sure 2,67ff; 7,157).	3. Jesus kam als der im AT verheißene Retter in die Welt. Er ist als Sohn Gottes der höchste Prophet und das Zentrum aller Prophetie und kündigte das Kommen des Heiligen Geistes Gottes an (Johannes 14,16). Muhammad ist nicht in der Bibel angekündigt und entspricht nicht den biblischen Kriterien für einen Propheten (Apostelgeschichte 10,43).

4. Jesus wurde nicht gekreuzigt und ist nicht auferstanden. Eine Kreuzigung wäre eine schmachvolle Niederlage für ihn gewesen. Er hätte mit seinem Tod auch keine Erlösung erwirken können. Die meisten Muslime glauben, dass Jesus jetzt im Himmel lebt (Sure 4,157-158).	4. Jesus starb am Kreuz, er wurde ins Grab gelegt und stand am dritten Tag von den Toten auf. Er fuhr in den Himmel auf, wo er heute lebt und regiert. Durch seinen Tod errang er den Sieg über die Macht der Sünde und des Todes (1. Petrus 1,18-19; Epheser 2,18).

Dreieinigkeit: Vielgötterei oder Wesen Gottes?

*Der **Koran** hält die christliche Lehre, dass Jesus nicht nur Prophet und Lehrer, sondern Gott selbst ist, und die damit eng verbundene Lehre von der Dreieinigkeit für Vielgötterei.*

*Die Lehre der **Bibel** hat die Kirche später so zusammengefasst: »In der Einheit der Gottheit sind drei Personen mit einem Wesen, einer Macht und Ewigkeit, Gott, der Vater, Gott, der Sohn, und Gott, der Heilige Geist. Der Vater ist von niemandem geboren noch ausgegangen; der Sohn ist ewig vom Vater geboren; der Heilige Geist geht ewig vom Vater und vom Sohn[52] aus.«[53]*

Der **Koran** und der Islam sprechen dem Christentum ab, wirklich eine monotheistische Religion zu sein. Denn es gilt: »Das wichtige Konzept des Islam und die Quelle aller seiner anderen Prinzipien und Verfahrensweisen ist die Einheit Gottes (*Tauhid*). Der Islam stellt Monotheismus in reinster Form dar.«[54] Auch wenn der Koran häufig zwischen den eigentlichen Götzendienern, die völlig zu verwerfen und zu bekämpfen sind, und den Anhängern der Schriftreligionen, Christen und Juden, die einen besseren, wenn auch untergeordneten Status verdienen, unterscheidet, werden Götzendiener und Christen doch oft auch zusammen genannt (z. B. Sure 98,1.6).

Die Dreieinigkeit wird scharf verworfen: »Die sind ungläubig, die sprechen: ›Gott ist einer von dreien‹. Es gibt keinen Gott außer einem einzigen Gott. Und wenn sie mit dem, was sie sagen, nicht aufhören, so wird diejenigen unter ihnen, die ungläubig sind, eine schmerzhafte Strafe treffen ... Christus, der Sohn der Maria, ist nur ein Gesandter« (Sure 5,73.75). »Ihr Leute der Schrift! Übertreibt es in eurer Religion nicht und sagt über Gott nur die Wahrheit! Christus Jesus, der Sohn der Maria, ist nur der Gesandte Gottes und sein Wort, das er der Maria überbracht hat, und Geist von ihm. ... sprecht nicht: drei! Hört auf damit! Das ist besser für euch. Gott ist nur ein einziger Gott. Er ist gepriesen und darüber erhaben, ein Kind zu haben« (Sure 4,171-172).

Die aus der **Bibel** geschlossene Lehre, dass Gott ein dreieiniger Gott ist, wie sie auf dem *Konzil von Nicäa* (325 n. Chr.) formuliert wurde, und die Lehre, dass Jesus wahrer Mensch und wahrer Gott ist, wie sie auf dem *Konzil von Chalcedon* (451 n. Chr.) formuliert wurde, gehören zu dem Entscheidenden, was die Bekenntnisse der verschiedensten christlichen Konfessionen nach wie vor vereint und was auch in der Reformationszeit nie strittig war. Allerdings ist die Dreieinigkeitslehre nie so verstanden worden, dass sie erst auf den Konzilen geschaffen wurde, sondern so, dass man dort nur komplementär alles zusammengefasst und als gleichzeitig für wahr erklärt hat, was im Besonderen das NT lehrt, etwa wenn es im Taufbefehl die Taufe als Verpflichtung auf einen einzigen »Namen« (Einzahl) sieht, dieser Name aber der »des Vaters, des Sohnes und des Heiligen Geistes« ist (Matthäus 28,19) oder es in Galater 4,6 heißt: »Weil ihr aber Kinder seid, hat Gott [= Vater] den Geist [= Heiliger Geist] seines lieben Sohnes [= Jesus] in unsere Herzen gesandt, der ruft: Abba, Vater.«

Die inhaltliche Annäherung der großen monotheistischen Religionen ist nur dort möglich, wo die Lehre von der Dreieinigkeit und die damit verbundene Lehre von der Göttlichkeit Jesu in der christlichen Theologie und Mission nicht mehr ganz oben auf der Tagesordnung steht. Das deutsche Wort »Dreieinigkeit«, zeigt sehr deutlich, dass die biblische Lehre von der Trinität gegen zwei andere Gottesbilder steht. Die »Eins« steht gegen den Polytheismus (Vielgötterei), die »Drei« aber ebenso gegen den ›monistischen Monotheismus‹ (Nur-ein-Gott-Glaube).

Der biblische »Gott ist Liebe« (1. Johannes 4,8.16). Aufgrund der Dreieinigkeitslehre bedeutet das im Christentum etwas anderes als in anderen Religionen. Die Liebe zwischen Vater, Sohn und Geist ist nämlich Ausgangspunkt aller Überlegungen zur Liebe (Johannes 17,24). Zur Liebe gehören immer wenigstens zwei. Liebe bedeutet gerade, zugunsten eines anderen zu reden, zu entscheiden und zu handeln. *Im monistischen Monotheismus kann es deswegen praktizierte Liebe erst geben, wenn Gott sich ein Gegenüber geschaffen hat. Im trinitarischen Monotheismus lieben sich die Personen der Dreieinigkeit von Ewigkeit her schon lange, bevor sie ein Gegenüber schaffen.* Die Personen der Dreieinigkeit lieben einander, sprechen miteinander, tun etwas füreinander.

Weil der Mensch das Ebenbild Gottes ist, wird die ewige Liebesgemeinschaft Gottes in der Bibel zum Maßstab und Ausgangspunkt für die Gemeinschaft der Menschen. Menschen reden miteinander, weil Gott ein miteinander redender Gott ist. Menschen sollen füreinander arbeiten, weil Gott selbst ein Gott ist, der füreinander arbeitet und lebt.

Ist Sünde nur gegen Menschen oder vor allem gegen Gott gerichtet?

*Im **Koran** ist Sünde falsches Handeln gegen sich selbst, nicht gegen Gott.*

*In der **Bibel** richtet sich Sünde letztendlich immer gegen Gott, auch wenn sie dem Nächsten schadet.*

Im **Koran** sündigten Adam und seine Frau im Paradies, bekannten aber ihre Sünde, sodass Gott sie wieder »rechtleitete« (Sure 2,37), denn sie sündigten »nur gegen sich selbst« (Sure 7,23). Von der Sünde der Undankbarkeit der Kinder Israels heißt es: »Und wir ließen die Wolke euch überschatten. Und wir sandten das Manna und die Wachteln auf euch herab: ›Esst von den guten Dingen, die wir euch beschert haben!‹ Und sie frevelten nicht gegen uns (= Gott), sondern gegen sich selbst« (Sure 2,57). Dementsprechend ist auch der Tod nicht die Folge der Sünde (Sure 2,35-39).

In der **Bibel** richtet sich Sünde letztendlich immer gegen Gott selbst. Im berühmten Bußpsalm Davids (Psalm 51) erkennt König David für seinen Mord und seinen Ehebruch: »An dir allein (= Gott) habe ich gesündigt und übel vor dir getan« (Psalm 51,6; vgl. 1. Könige 8,50). Das AT vergleicht die Beziehung zwischen Gott und Israel häufig mit der Ehe und Israels Abfall von Gott mit Ehebruch. Gott ist über die Sünde der Menschen erzürnt und zugleich betrübt: »Aber sie waren widerspenstig und betrübten seinen Heiligen Geist« (Jesaja 63,10; vgl. Epheser 4,30). Auch Jesus war in seinem heiligen Zorn immer zugleich auch in Trauer (Markus 3,5 und Johannes 11,33).

Sünde als einzelne Tat oder Erbsünde als grundsätzlicher Bruch mit Gott?

*Im **Koran** ist Sünde jeweils ein einzelner Akt und wird überwunden, indem man sie fortan lässt. Es gibt keine Erbsünde und auch nicht den Gedanken, nur Gott könne beim Überwinden der Sünde helfen.*

*Die **Bibel** betrachtet Sünde nicht vor allem zunächst als einzelne Sünde, sondern in ihrer Gesamtheit als Bundesbruch zwischen Gott und Mensch, als Treulosigkeit von Menschen Gott gegenüber, aus der der Mensch sich nicht allein, sondern nur mit Gottes Hilfe befreien kann.*

Im **Koran** hat Adams »Fehltritt« (Sure 2,36) keine Folgen für die gesamte Menschheit. Einen eigentlichen »Sündenfall« kennen der Koran und der Islam ebenso wenig wie eine »Erbsünde«, denn »keiner trägt die Last einer anderen Seele« (Sure 39,7). Deswegen besteht auch keine Notwendigkeit zur Erlösung von einer Erbsünde. Wenn der Mensch Gottes Gebote vergisst, von ihnen abirrt oder den »Einflüsterungen« des Satans Folge leistet, der ein »ausgemachter Feind« der Menschen ist (Sure 35,6), begeht er zwar einzelne Sünden, ist dadurch aber nicht grundsätzlich verloren, gefallen oder von Gott getrennt. Wenn er sich wieder auf Gottes Gebote besinnt und seine Zuflucht zu Gott nimmt, ist er in der Lage, wieder das Gute zu tun. Gott wendet sich dem Menschen dann wieder voll Gnade und Barmherzigkeit zu.

Abdoldjavad Falaturi schreibt: »Laut Koran ist der Mensch von seiner geschaffenen Natur aus auf Gott ausgerichtet. Er ist nicht mit Sündhaftigkeit belastet. Adams Sünde ist bereits durch seine Reue vergeben. Dieses Modell gilt für alle. Der Erlösungsakt wird im Islam durch göttliche Barmherzigkeit ersetzt.«[55]

Das Böse findet sich nicht im Menschen oder seinem Wesen, sondern ist nur eine von außen an ihn herangetragene Versuchung. »So ist das Menschenbild des Korans, das auf den ersten Blick vor allem von den Charakterschwächen geprägt zu sein scheint, im Grunde durch und durch optimistisch und positiv. Denn die Schwächen werden letzten Endes als Folgen des Unglaubens gedeutet.«[56] Es wurde bereits darauf eingegangen, was das für die Frage der Überlegenheit bzw. der Selbstkritik für Folgen hat.

Die **Bibel** sieht Sünde zunächst nicht als einzelne Sünde, sondern in ihrer Gesamtheit als Bundesbruch zwischen Gott und Mensch, als Treulosigkeit des Menschen Gott gegenüber (bes. etwa in Römer 1,17-32). Sünde ist nicht so sehr von der einzelnen bösen Tat her zu verstehen, sondern vor allem als Erbsünde, weswegen auch die Befreiung von der Sünde nicht als Befreiung von einer einzelnen Sünde verstanden wird, sondern als Befreiung von der Sündhaftigkeit des Menschen und der Feindschaft gegen Gott.

Die Erbsünde[57] ist eine nur im Christentum bekannte Lehre, die besagt, dass nicht nur der einzelne Mensch sündigt, sondern schon vor dem Begehen der ersten Sünde von der Sünde gezeichnet ist. Dieser ererbte Zustand der Ungnade vor Gott wurde durch den Sündenfall der ersten Menschen Adam und Eva ausgelöst (1. Mose 3) und macht die kollektive Erlösung durch den neuen Adam Jesus Christus notwendig (Römer 5). Durch seine konkreten, persönlichen Sünden bestätigt der Mensch die Erbsünde, löst sie aber nicht aus.

Das Böse ist im Menschen selbst zu finden. »Denn von innen, aus dem Herzen der Menschen heraus kommen die bösen Gedanken, Unzucht, Diebstahl, Mord, Ehebruch, Habsucht, Bosheit, Arglist, Ausschweifung, Neid, Lästerung, Hochmut, Narrheit; alle diese bösen Dinge kommen von innen heraus und verunreinigen den Menschen« (Markus 7,21-23). Der Mensch ist grundsätzlich nicht in der Lage, nicht zu sündigen, denn er ist unter die Sünde »verkauft« (Römer 7,14-15). Paulus stellt fest: »Das Gute, das ich tun will, tue ich nicht, sondern das Böse, das ich nicht will, das tue ich« (Römer 7,14-15).

Der Mensch steht so lange unter dem Fluch der Sünde und wird immer wieder das Böse tun, bis er akzeptiert, dass er sich nicht selbst wirklich bessern kann und Jesu Tod am Kreuz auch zur Sühne seiner Sünden geschah. Erst jetzt wohnt der Heilige Geist in ihm, und der Sünder kann durch Gottes Kraft der Sünde widerstehen. Wenn er dennoch sündigt – und dies wird im Leben eines Christen immer wieder geschehen –, aber um

Vergebung seiner Verfehlungen bittet, erfährt er Vergebung und neue Gemeinschaft mit seinem Schöpfer (1. Johannes 1,9).

Übertritt durch Bekenntnis oder Heilsempfang?

Sowohl im Islam als auch im Christentum folgt aus dem unterschiedlichen Sündenverständnis auch ein unterschiedliches Verständnis, wie man zum jeweiligen Glauben übertritt.

Wie wird man gemäß des ***Korans*** *und im Islam Muslim? Indem man sich dem Willen Gottes unterwirft. Dies geschieht vor allem durch Aufsagen des Glaubensbekenntnisses in arabischer Sprache.*

Gemäß der ***Bibel*** *wird man Christ, indem man den Namen des Herrn Jesus Christus anruft, im tiefsten Vertrauen auf Gott um Vergebung seiner Schuld bittet und sich in den Bund mit Gott und die Gemeinschaft der Kinder Gottes aufnehmen lässt.*

Die Sicht des **Korans** wurde bereits oben zum »Glauben« und zum Glaubensbekenntnis dargestellt.

Die Sicht der **Bibel** wurde ebenfalls bereits zum »Glauben« besprochen. Äußerlich geschieht dies durch die Taufe und die erstmalige Teilnahme am Abendmahl. Dabei kann das Sprechen eines Glaubensbekenntnisses eine Rolle spielen. Entscheidend aber ist, dass beide Sakramente dafür stehen, dass Christus für uns gelitten hat, gestorben und auferstanden ist und uns in den Bund mit ihm und seiner Kirche mit hineinnimmt, wenn wir unser Vertrauen auf ihn setzen.

Zentrales Thema der Heiligen Schrift: Unterwerfung oder Erlösung?

Sowohl im Islam als auch im Christentum folgt aus dem unterschiedlichen Sündenverständnis auch ein unterschiedliches Verständnis, was das zentrale Thema der Offenbarung ist.

Das zentrale Thema des ***Korans*** *und der Grund, warum er überhaupt offenbart wurde, ist die Unterwerfung unter Gott, die allein vor dem Gericht bewahren kann. Dies gibt der ganzen Religion ihren Namen: »Islam«.*

Das zentrale Thema der ***Bibel*** *und der Grund, warum sie inspiriert wurde und von der Offenbarung Gottes in Jesus Christus zeugt, ist die Versöhnung mit Gott in Christus, die alleine vor dem Gericht bewahren kann. Dies gibt der ganzen Religion ihren Namen: »Christentum«.*

Der **Koran** dient vor allem der Warnung der Ungläubigen vor dem Gericht und der Aufforderung, dass sie sich Gott und seinem Willen unterwerfen sollen, wie es insbesondere in den Suren 34-114 aus der frühen Zeit in Mekka zum Ausdruck kommt. Dies ist die Aufgabe jedes Propheten der Geschichte gewesen, auch von Mose und Jesus. Der Mensch muss einfach seine falschen Wege verlassen, bekennen, dass es nur einen Gott gibt und Muhammad sein Prophet ist und nach Gottes Willen leben, dann wird er vor dem Gericht bewahrt.

In der **Bibel** ist das zentrale Thema der ganzen »Schrift« die Errettung des Menschen. Paulus fordert Timotheus auf, in der »heiligen Schrift« zu bleiben, die er von klein auf kennt, »die Kraft hat, dich zu unterweisen zur Errettung durch den Glauben an Christus Jesus« (2. Timotheus 3,14-15). Nicht zufällig stehen diese Worte direkt vor der Aussage, der wir (nach der lateinischen Übersetzung) den Begriff »Inspiration« zu verdanken haben: »Denn jede Schrift ist von Gott eingegeben und ist nützlich …« (2. Timotheus 3,16). Die Bedeutung der Bibel ist für Paulus also nur von der Errettung in Christus her zu verstehen. Es ist nicht das Wort Gottes, das uns errettet, sondern allein Jesus Christus und unser Vertrauen auf ihn. Aber die Bibel macht uns weise zur Errettung, die in Jesus Christus ist. Nicht mehr, aber auch nicht weniger. Denn was wüssten wir von Jesus Christus und von seinem Werk der Erlösung, wenn Gott es uns nicht schriftlich an die Hand gegeben hätte? Aber was nützte die schriftliche Fassung, wenn Jesus nicht tatsächlich Mensch geworden wäre und uns nicht wirklich errettet hätte?

Vergebung als Gehorsam oder Vergebung als versöhnendes Handeln Gottes?

*Im **Koran** wird dem reuigen Sünder durch die Barmherzigkeit vergeben, weil und wenn er umkehrt und die Sünde lässt. Zur Vergebung bedarf es weder einer speziellen Lehre noch spezieller Rituale.*

*In der **Bibel** kann der Mensch ohne ein Handeln Gottes keine Vergebung erlangen. Da Gott aber in Jesus Christus die Schuld der Menschen am Kreuz hinweggetragen hat, kann der Mensch Vergebung und ein neues Leben erlangen. Weite Teile der Theologie haben mit der Vergebung zu tun, und der größte Teil der christlichen Rituale dreht sich darum.*

Im **Koran** erhält derjenige Gottes Vergebung, der sich, nachdem er eine Sünde begangen hat, wieder Gott zuwendet, seine Sünde bereut und den Vorsatz fasst, diese Sünde in

Zukunft zu meiden (Sure 3,135-136), denn »Gott ist voller Barmherzigkeit und bereit zu vergeben« (Sure 57,28). Der Koran warnt auch vor der Strafe für den, der nicht zu ihm umkehrt. Weder im Koran noch in der Überlieferung gibt es allerdings Gebete, in denen der Sünder Gott für die erhaltene Vergebung dankt, denn der Gläubige erwartet zwar Gottes Vergebung, aber sie sich selbst zuzusprechen oder als Tatsache anzunehmen, hieße, die uneingeschränkte Souveränität Gottes zu begrenzen.

Im alttestamentlichen Teil der **Bibel** sind Vergebung und Versöhnung durch Opfer das Zentrum des Glaubens und der Zeremonien. Im neutestamentlichen Teil der Bibel ist Vergebung allein durch das Opfer von Jesus Christus am Kreuz möglich, wodurch der Sünder vor Gott gerecht gemacht wird (Römer 1,17). Die wichtigsten Sakramente Taufe und Abendmahl drehen sich um die Vergebung der Sünden in Jesus Christus.

Die Christen verstanden Jesu Tod von Anfang an als stellvertretendes Opfer für die Sünden der Menschen. Der sündlose und unschuldige Jesus wurde von Gott selbst aus Liebe zu den Sündern in den Tod gegeben, um die Schuld der Sünde zu tilgen. Der Tod Christi ist der Preis der Erlösung (Römer 3,24; Galater 3,13; Epheser 1,7; 1. Petrus 1,18-19). In immer neuen Bildern – des Sklavenmarktes, des Gerichtswesens, des Militärwesens, des Tempeldienstes und der alltäglichen Beziehungen – beschreibt das NT die Versöhnung der Gläubigen mit Gott durch den Tod Jesu. Die Erlösung äußert sich in der Befreiung von der Sünde und dem veränderten Leben in einer neuen Freiheit.

Unterwerfung oder Versöhnung?

*Im **Koran** ist die beste Beziehung zu Gott die Unterwerfung des Geschöpfes unter den Schöpfer.*

*In der **Bibel** ist die beste Beziehung zu Gott die Versöhnung und der Friede mit Gott.*

Aus dem Sündenverständnis des **Korans**, nach dem Sünde sich nicht gegen Gott, sondern gegen den Sünder selbst richtet, und dem Verständnis, dass dem Menschen Unterwerfung unter Gott geboten ist und Gott und Mensch nie auf eine Stufe gestellt werden können, folgt, dass es so etwas wie eine Versöhnung mit Gott nicht geben muss und kann.

In der **Bibel** hat die Versöhnung des Menschen mit Gott den zentralen Stellenwert. Der Mensch steht in einem feindlichen Verhältnis zu Gott (Römer 5,10; Jakobus 4,4). Doch durch alle Feindschaft hindurch ist es Gottes Wille, dem Menschen die Versöhnung anzubieten (Römer 3,20; 5,10; 2. Korinther 5,15-21). Das AT stellt heraus, wie Sünde gesühnt werden kann (3. Mose 4,5). Mittelpunkt ist dabei der große Versöhnungstag, der einmal im Jahr begangen wird (3. Mose 16). Das NT kennt nur noch *ein* Versöhnungsopfer: das Opfer Christi, das umfassend alle Schuld sühnt (Hebräer 9,12.28).

Gott ist nicht der, der versöhnt werden muss, sondern wir sind es, die versöhnt werden müssen. »Denn Gott zürnt nicht wie ein Mensch, der sich nicht versöhnen lässt« (Judas 8,13). Wir haben den Frieden mit Gott gebrochen, nicht Gott den Frieden mit uns. Wir sind Gottes Feinde geworden, nicht Gott unser Feind. Wir waren »feindlich gesinnt« (Kolosser 1,21). Deswegen »tötete« Christus »in sich selbst unsere Feindschaft« (Epheser 2,26). Der Mensch braucht Versöhnung, nicht Gott, weswegen Paulus sagt, dass wir, »als wir Feinde waren, versöhnt worden sind« (Römer 5,10). Zugleich aber gilt, dass nicht wir uns mit Gott versöhnen, sondern wir Gottes Versöhnung empfangen (Römer 5,11). »Gott, der uns mit sich selbst versöhnt hat« (2. Korinther 5,18), »versöhnte die Welt mit sich selbst« (2. Korinther 5,19), nicht umgekehrt. Der zentrale Aufruf des Evangeliums ist deshalb die Aufforderung: »Lasst euch versöhnen mit Gott« (2. Korinther 5,21), und ist dies geschehen, bedeutet das Christsein »Friede mit Gott« (Römer 5,1).

Von der zentralen Bedeutung der Versöhnung her gewinnt auch die Aufforderung an die Christen, sich mit anderen Menschen zu versöhnen (1. Korinther 7,11; Römer 12,18; 14,19; Epheser 4,3; 1. Thessalonicher 5,13; Hebräer 12,14; 1. Petrus 3,11), ihre Bedeutung. Christliche Kulturen sind deswegen von dem Versöhnungs- und Vergebungskonzept auf allen Ebenen der Gesellschaft geprägt (Eltern, Kinder; Völker untereinander), auch wenn dieses nur noch säkular vollzogen wird (z. B. zwischen Deutschland und Frankreich nach 1945).

III. Hilfen zum Weiterarbeiten

Wie können Christen mit Muslimen sprechen?

Das Gebot der Stunde zwischen Christen und Muslimen sind sanftmütige, aber inhaltlich eindeutige Gespräche über den Glauben an Gott – wie es die Evangelische Kirche in Deutschland mit dem Titel ihrer Handreichung »Klarheit und gute Nachbarschaft« gut zum Ausdruck gebracht hat. Für Christen müssen Liebe und Wahrheit (2. Johannes 1,3) Hand in Hand gehen, denn sie wollen »wahrhaftig sein in Liebe«. Dies ist gerade auch für die Darstellung des christlichen Glaubens Andersdenkenden gegenüber von Bedeutung. Es handelt sich hier um ein neutestamentliches Gebot, nicht um moderne Schwäche.

Für den Dialog sind also aus christlicher Sicht immer zwei Seiten einer Münze zu berücksichtigen, die komplementär zusammengehören:

A. Dialog im Sinne von friedlicher Auseinandersetzung, ehrlichem und geduldigem Zuhören und Lernen von anderen ist eine christliche Tugend.

Ein Dialog zwischen überzeugten Christen und Anhängern anderer Religionen ist in dem Sinne möglich, dass Christen gerne friedlich mit anderen über ihren Glauben sprechen (»Rechenschaft ... aber mit Sanftmut und Ehrerbietung«; 1. Petrus 3,15-16), anderen gerne zuhören (Jakobus 1,19), in vielen Bereichen aus der Lebenserfahrung anderer lernen (siehe das ganze Buch der Sprüche) und bereit sind, sich selbst und ihr Verhalten immer wieder neu infrage stellen zu lassen. Zudem gilt das biblische Gebot: »Haltet, soweit es an euch liegt, mit allen Menschen Frieden« (Römer 12,18).

B. Dialog im Sinne von Aufgabe des Wahrheitsanspruches Jesu oder von Aufgabe des missionarischen Zeugnisses ist undenkbar, ohne das Christentum selbst aufzulösen.

Wenn unter Dialog verstanden wird, dass der innerste Wahrheitsanspruch Jesu Christi (Johannes 14,6), des Evangeliums (Römer 1,16-17; 2,16) und des heilsamen Wortes Gottes (2. Timotheus 3,16-17; Hebräer 4,12-13; Johannes 17,17) im Gespräch mit Anhängern anderer Religionen vorübergehend oder prinzipiell außer Kraft gesetzt wird, oder so verändert werden soll, dass die Offenbarung Gottes in Christus und die Offenbarung des Evangeliums in der Bibel mit den Offenbarungen anderer Religionen auf eine Stufe gestellt werden soll, ist ein solcher »Dialog« mit dem Wesen des Christentums nicht zu vereinbaren und intellektuell anderen gegenüber nicht ehrlich.

Beide Seiten gehören zusammen, *denn eine kritische Position anderen gegenüber und ein sanftmütiger, ehrerbietiger Umgang mit ihnen schließen sich für Christen nicht aus, sondern ein.*

Als Paulus sich in Athen vor den Philosophen seiner Zeit verteidigte, heißt es, dass »sein Geist in ihm erregt« wurde, als er die vielen Götzenbilder in Athen sah (Apostelgeschichte 17,16). Dennoch begann er seine kritische Ansprache mit den Worten »Männer von Athen, ich sehe, dass ihr in jeder Beziehung den Göttern sehr ergeben seid« (Apostelgeschichte 17,22). Wie viel mehr muss das gelten, wenn Christen im Gespräch mit Anhängern einer monotheistischen Weltreligion sind.

Die klassische Rechtfertigung jeder christlichen »Apologetik« (= vernunftgemäße Verteidigung des christlichen Glaubens) findet sich in 1. Petrus 3,15b-16: »Seid aber jederzeit bereit zur Verantwortung jedem gegenüber, der Rechenschaft [griech. *apologia*] von euch über die Hoffnung in euch fordert, aber mit Sanftmut und Ehrerbietung. Und habt ein gutes Gewissen, damit die, die euren guten Lebenswandel in Christus verleumden, darin zuschanden werden, wenn sie euch Böses nachsagen.«

Hier findet sich deutlich die Komplementarität einerseits der Notwendigkeit des Zeugnisses, wenn nicht gar der Apologetik (*apologia* meint eine Verteidigungsrede vor Gericht), und andererseits der »Sanftmut und Ehrerbietung«, des Respekts vor der Würde des anderen Menschen. Die Würde des Menschen lässt Christen ihre Hoffnung nicht verbergen, sondern sie klar aussprechen, erklären und auch verteidigen. Dieselbe Würde verbietet es Christen aber selbst bei bösen Absichten der Fragenden, die Würde ihrer Gesprächspartner mit Füßen zu treten.

Gemäß 1. Petrus 3,15-16 sprechen Menschen nicht direkt mit Gott, wenn sie mit Christen sprechen. Einerseits können Christen durchaus Gottes Botschafter sein und Zeugnis ablegen über die Hoffnung, die in ihnen ist. Doch andererseits sind Christen auch nur Menschen, die nicht durch ihre eigene Tugendhaftigkeit, sondern allein durch die Gnade Gottes gerettet sind. Christen wollen, dass Menschen Frieden mit Gott finden, seine Vergebung empfangen und Gott als der einzigen Wahrheit vertrauen, aber sie haben nicht gegen *uns* gesündigt, sie sollen sich nicht vor *uns* beugen und rechtfertigen. Es sind auch nicht *wir*, die die Wahrheit sind und die wir in *allem*, was wir sagen, im Besitz der Wahrheit sind. Christen sind nicht Allwissende, sondern normale Menschen, die nur insofern über besondere Kenntnisse verfügen, als sie über die offenbarte Wahrheit in Jesus Christus und deren Geschichte, wie sie in der Bibel niedergeschrieben ist, Zeugnis ablegen.

Christen sehen andere Menschen immer als Ebenbilder Gottes, auch wenn diese gänzlich andere Ansichten haben. Im Christentum leiten sich ihre Menschenrechte nicht aus der Tatsache her, dass sie Christen sind, sondern daraus, dass sie Männer und Frauen sind, die Gott als Menschen geschaffen hat, und zwar alle als gleichwertige Ebenbilder Gottes. Es gibt Religionen, die nur ihren eigenen Anhängern Menschenrechte zugestehen, doch Christen verteidigen auch die Menschenrechte ihrer Feinde – und beten für sie und lieben sie.

In einer Zeit, in der extremistische Islamisten vielen Christen mit Gewalt zusetzen, wäre es leicht, einfach mit dem Finger auf andere zu zeigen und Muslime gewissermaßen in Sippenhaft zu nehmen. Doch der christliche Glaube ist sehr selbstkritisch, wie wir gesehen haben. Wir würden gerne mit dem Pharisäer im Gleichnis Christi sprechen: »Ich danke dir, Gott, dass ich nicht bin wie die andern Leute«, doch wir müssen gemäß der Lehre Jesu mit dem Zöllner sprechen, der sagte: »Gott, sei mir Sünder gnädig!« (aus Lukas 18,11-13). Unsere erste Frage als Christen lautet also nicht: »Was tun andere Menschen?« Sondern selbst inmitten falscher Anklagen fragen wir uns: »Sind wir sanftmütig und respektvoll zu unseren Mitmenschen?«

Die Sanftmut ist nicht nur eine zwingende Folge davon, dass wir den Gott der Liebe verkündigen und unseren Nächsten lieben sollen und wollen, sondern auch eine Folge des Wissens, dass wir selbst nur begnadigte Sünder und nicht Gott sind. Unser Gegenüber muss mit seinem Schöpfer versöhnt werden, nicht mit uns. Deswegen können wir demütig immer wieder zurücktreten, unsere eigene Begrenztheit und Unzulänglichkeit zugeben. Das verbietet uns, irgendjemanden als Untermenschen oder als geistig beschränkt zu behandeln. Zu Recht mahnt Paulus: »Haltet euch nicht selbst für klug« (Römer 12,16). Gottes Gebot und die Menschengebote der jeweiligen religiösen Tradition und Kultur werden von Jesus strikt auseinandergehalten (z. B. Markus 7,1-15). Der Christ darf nicht mit dem Anspruch auftreten, in *allem* die Wahrheit zu kennen und zu vertreten, sondern kann als fehlbarer Mensch nur dort von einem Anspruch ausgehen, für den sich sein Gesprächspartner selbst vor Gott verantworten muss, wo Gott dies selbst geboten hat.

Hier liegt auch die Gefahr »bibeltreuer« Christen, dass ihr »Fundamentalismus« (gleich, ob sie die Bezeichnung lieben oder nicht) sich nicht auf den Inhalt der Botschaft von Jesus Christus beschränkt, sondern zu einem alles besser wissenden, lieblosen Stil wird. Sicher: Gerade mit einer dogmatisch eindeutigen Position haben Christen große Chancen im Gespräch mit Muslimen, weil ein überzeugter Muslim lieber mit einem überzeugten als mit einem eher »liberalen« Christen, einem Kulturchristen, der seinen Glauben nicht kennt, oder einem Atheisten spricht. Für einen überzeugten Muslim wird es zum Beispiel unbegreiflich bleiben, dass ein christlicher Theologe die Jungfrauengeburt von Jesus leugnet, obwohl sie das NT (und der Koran; Sure 3; 19; 66,12) lehrt. Ein Dialog im Sinne der Bereitschaft, eigene Lehr- und Glaubenspositionen vorschnell oder aus Nettigkeit aufzugeben, wird von vielen Muslimen gar nicht gefordert und schon gar nicht respektiert.

Aber die großen Chancen, die überzeugte Christen im Gespräch mit Muslimen haben, werden zunichte gemacht, wenn ihr Stil Arroganz, Überheblichkeit, Lieblosigkeit und fehlendes Interesse am Gegenüber ausstrahlt oder sie Politik oder Nationalität über die persönliche Begegnung stellen.

Zu den Gemeinsamkeiten von Christentum und Islam ist noch eine Anmerkung zu machen. Wenn Muslime in den Dialog mit Christen eintreten, beschreiben sie oft die Gemeinsamkeiten. Das Problem ist nur: Sie haben damit schon fast alles gesagt, was ihnen wesentlich ist, Christen dagegen teilen zwar solche Aussagen, haben damit aber noch vieles nicht gesagt, was ihnen wesentlich ist. Denn Christen glauben nicht einfach an den einen Schöpfer, der von uns will, dass wir seinen Willen tun. Sondern sie glauben an einen dreieinigen Gott, dessen zweite Person Jesus Christus das Heil der Welt erwirkt hat, weil der Mensch sich selbst nicht aus der Schuld des Bösen befreien kann. Aber gerade diese Dinge, die den Christen unverzichtbar sind, erscheinen in der Liste der Gemeinsamkeiten von Islam und Christentum nicht.

Oder anders gesagt: Listet man die Gemeinsamkeiten auf, haben Muslime schon das Überwiegende dessen gesagt, was für sie unverzichtbar ist, Christen dagegen haben das meiste für sie Unverzichtbare noch nicht angesprochen, da die Gemeinsamkeit, dass wir an einen Schöpfer glauben, das Heil in Jesus Christus völlig außen vor lässt.

Literatur zum Weiterarbeiten

Nichtmuslimische Koranausgaben und -kommentare

- www.kiessecker.org/index.php/Paret-Koran (Übersetzung von Rudi Paret)
- quran.kiessecker.org (Suchfunktion in verschiedenen Übersetzungen)
- www.koran-hoerbuch.de/html/kostenlos.html (Hörbuch mit älterer Übersetzung)
- Eine Beurteilung der Koranausgaben findet sich bei: Stefan Jakob *Wimmer*/Stephan *Leimgruber*, Von Adam bis Muhammad: Bibel und Koran im Vergleich, Stuttgart: Verlag Katholisches Bibelwerk 2005, S. 68-72
- Adel Theodor *Khoury* (Übers.), Der Koran, Gütersloh: Gütersloher Verlagshaus 2007[2]
- *ders.*, Der Koran Arabisch-Deutsch. Übersetzt und kommentiert, Gütersloh: Gütersloher Verlagshaus 2004
- *ders.*, Der Koran Arabisch-Deutsch. Übersetzung und wissenschaftlicher Kommentar. 12 Bände, Gütersloh: Gütersloher Verlagshaus 1990-2001
- Rudi *Paret* (Übers.), Der Koran, Stuttgart: Kohlhammer 2007[10]
- Rudi *Paret*, Der Koran: Kommentar und Konkordanz, Stuttgart: Kohlhammer 2005[7]

Muslimische Koranausgaben und -kommentare

- islam.de/25.php (Text mit Suchfunktion)
- www.quranexplorer.com/quran (Text und Hörbuch mit Suchfunktion in Englisch)
- www.tafsir.com (Klassischer Kommentar auf Englisch mit Suchfunktion)
- Weitere englische Übersetzungen von klassischen Korankommentaren kann man im Internet unter dem Stichwort »Tafsir« finden.

- Eine thematische Zusammenstellung von Koranversen in deutscher Übersetzung findet sich in:
  Lan *Tabur*, Themenregister des Al-Qur'an Al-Karim, Köln: Islamische Bibliothek, 1993, speziell zum Koran selbst S. 799–814. Das Buch wird auf wechselnden Webseiten auch zum Download einzelner Begriffe angeboten, zuletzt unter muslimcity.org. Man kann es im Internet unter »Lan Tabur« finden.
- Eine kürzere thematische Auswahl von Koranversen findet sich in George M. *Lamsa*, Der Koran in Kürze, Freiburg: Edition Synthese 2001 (engl. Original 1949)
- Eine Beurteilung der Koranausgaben findet sich bei: *Wimmer/Leimgruber*, Adam, S. 68–72
- Die beste Gegenüberstellung von parallelen Texten in Bibel und Koran findet sich ebd.
- Hazrat Mirza Nasir *Ahmad* (Hg.), Der Heilige Qur'ân: Arabisch und Deutsch, Frankfurt: Ahmadiyya Muslim Jamaat… 1996[6]
- Die Bedeutung des Korans. 30 Teile, München: SKD Bavaria Verlag 1992 ff.
- Ahmad von *Denffer* (Übers.), Der Koran, München: Islamisches Zentrum 2003[9]
- Murad *Hofmann* (Hg.), Der Koran, Kreuzlingen: Hugendubel 2007
- Muhammad *Ibn Rassoul* (Übers.), Der heilige Coran, Qom: Ansariyan 2003

Neutrale und wissenschaftliche Werke zu Koran und Islam

- www.unc.edu/~cernst/quranstudy.htm (Verzeichnis von wissenschaftlichen Quellen im Web zu Koran und Islam)
- de.wikipedia.org/wiki/Geschichte_des_Korantexts
- Die klassische Darstellung der islamischen Dogmatik aus den Quellen ist:
  Hermann *Stieglecker*, Die Glaubenslehren des Islam, Paderborn: Schöningh 1962

- A. J. *Arberry*, Revelation and Reason in Islam, London: George Allen & Unwin Ltd. 1957
- Richard *Bell*/William M. *Watt*, Introduction to the Qur'ân, Edinburgh: University Press 1970/1977
- Hartmut *Bobzin*, Der Koran: Eine Einführung, München: C. H. Beck 2007
- Johan *Bouman*, Gott und Mensch im Koran, Darmstadt: Wissenschaftliche Buchgesellschaft 1977
- Heribert *Busse*, »Grundzüge der islamischen Theologie und der Geschichte des islamischen Raumes«, in: Werner *Ende*/ Udo *Steinbach* (Hg.), Der Islam in der Gegenwart, München: Verlag C.H. Beck 1996[4], S. 17–53
- Michael *Cook*, Der Koran: Eine kurze Einführung, Stuttgart: Reclam 2002
- Louis *Gardet*, Der Islam, Köln: J. P. Bachem 1968
- Tilman *Nagel*, Der Koran, Einführung – Texte – Erläuterungen, München: C.H.Beck 1998[3]
- Ursula *Neumann* (Hg.), Islamische Theologie, Hamburg: Edition Körber-Stiftung 2002
- Rudi *Paret* (Hg.), Der Koran, Darmstadt: Wissenschaftliche Buchgesellschaft 1975
- *ders.*, Mohammed und der Koran, Stuttgart: Kohlhammer 2005[9]
- Ursula *Spuler-Stegemann*, Die 101 wichtigsten Fragen: Islam, München: C. H. Beck 2007
- Colin *Turner*, The Koran: Critical Concepts in Islamic Studies, London: RoutledgeCurzon, 2004
- Josef *van Ess*, »Verbal Inspiration? Language and Revelation in Classical Islamic Theology«, in: *Wild*, Qur'an, 1996 S. 177–194 (s. unten)
- Stefan *Wild* (Hg.), The Qur'an as Text, Leiden: E. J. Brill 1996
- Hans *Zirker*, Der Koran, Primus: Darmstadt 1999[1]; 2007[2]

Neutrale und wissenschaftliche Werke zum Vergleich von Bibel und Koran

- Heribert *Busse*, Die theologischen Beziehungen des Islam zu Judentum und Christentum, Darmstadt: Wissenschaftliche Buchgesellschaft 1988
- Günter *Riße*, »Gott ist Christus, der Sohn der Maria«. Eine Studie zum Christusbild im Koran, Bonn: Borengässer 1989
- Heinrich *Speyer*, Die biblischen Erzählungen im Qoran, Hildesheim: Georg Olms Verlag 1988
- Johann-Dietrich *Thyen*, Bibel und Koran: Eine Synopse gemeinsamer Überlieferungen, Köln: Böhlau 2000[3]

Muslimische Werke zu Koran und Islam

- www.unc.edu/~cernst/quranstudy.htm (Verzeichnis von wissenschaftlichen Quellen im Web zu Koran und Islam)
- muhammad.islam.de (Leben Muhammads)
- Eine repräsentative Darstellung der islamischen Auffassung vom Koran findet sich in der »Einführung« im Anhang von Muhammad *Ibn Rassoul*, Die ungefähre Bedeutung des Al-Qurán Al-Karim in deutscher Sprache, Köln: Islamische Bibliothek 2000[23], »Einführung«, S. 562–575 (Anhang)
- Muhammad Salim *Abdullah*, Islam: Für das Gespräch mit Christen, Altenberge: Verlag für Christlich-Islamisches Schrifttum 1990[3],
- *ders.*, Islam: Muslimische Identität und Wege zum Gespräch, Düsseldorf: Patmos 2002
- Abu l-Hasan *An-Nadwi*, Prophetengeschichten aus dem Koran, Braunschweig: Ed. Minarett 2006
- Imâm *An-Nawawî*, Der rechte Umgang mit dem Koran, Freiburg: Spohr 2001
- Mehdi *Bazargan*, Und Jesus ist sein Prophet: Der Koran und die Christen, München: C. H. Beck 2006

- Hüseyin Ilker *Çinar*. Maria und Jesus im Islam: Darstellung anhand des Korans und der islamischen kanonischen Tradition …, Wiesbaden: Harrassowitz 2007
- Azzedine *Guellouz*, Der Koran, Bergisch Gladbach: Bastei-Lübbe 1998
- Murad *Hofmann*, Der Islam, Kreuzlingen: Hugendubel 2001
- *ders.*, Der Islam als Alternative, München: Diederichs 1999[4]
- *ders.*, Der Islam im 3. Jahrtausend, Kreuzlingen: Hugendubel 2000
- Muhammad Hussain *Haikal*, Das Leben Muhammads, Siegen: Dr. Kermani 1987
- *Ibn Ishaq*, Das Leben des Propheten, Kandern: Spohr 2004
- Muhammad *Ibn Rassoul*, Lan Tabur: Themenregister des Al-Qur'an al-karim, Köln: Islamische Bibliothek 1992
- *ders.* (Hg.), As-Salah: Das Gebet im Islam, Köln: Islamische Bibliothek 1995[3]
- Lobna *Ismail*, Herz des Islam: Eine Einführung in die Religion der Muslime, Hildesheim: Olms 2007
- Hayrettin *Karaman*, Erlaubtes und Verwehrtes, Ankara: Türkiye Diyanet Vakfi 1996[3]
- Zaynab *Khamehi* (Hg.), Die 99 Namen Gottes in Zeugnissen aus Islam, Christentum und Judentum, Düsseldorf: Patmos 2008
- Bustami Mohamed *Khir*, »The Qur'an and Science: The Debate on the Validity of Scientific Interpretations«, in: Colin *Turner*, Koran, S. 297–312 [zuerst in *Journal of Qur'anic Studies* 2 (2000), S. 19–35]
- Adel-Theodor *Khoury* (Übers.), So sprach der Prophet. Worte aus der islamischen Überlieferung, Gütersloh: Gütersloher Verlagshaus 1988
- George M. *Lamsa*, Der Koran in Kürze. Ein leichter Zugang zum heiligen Buch der Muslime, Freiburg: Verlag Hans-Jürgen Maurer 2001

- Sayyid A. A. *Maudoodi*, Weltanschauung und Leben im Islam, Leicester: Islamic Foundation 1978
- Hamid *Molla-Djafari*, Gott hat den schönsten Namen, Frankfurt: Lang 2001
- Abdul R. *Röseler*, Betrachtungen eines deutschen Muslim über den Islam, Hamburg: Islamisches Zentrum 1978
- Sohaib *Sultan*, Der Koran für Dummies, Weinheim: Wiley-VCH-Verlag 2006
- *WDR* (Hg.), Der Koran: Ein fremdes Heiligtum entdecken. Einführung von Abdoldjavad Falaturi, Köln: WDR 1994
- Yüksel *Yücelen*, Was sagt der Koran dazu?, München: dtv 2001[5]
- Nasr Hamid Abu *Zaid*, Ein Leben mit dem Islam, Freiburg: Herder 2001
- Amir M. A. *Zaidan*, Al-Aqida: Einführung in die zu verinnerlichenden Inhalte des Islam, Marburg: Muslim Studenten Vereinigung in Deutschland 1997

Christliche Werke zu Koran und Islam und zum Vergleich von Bibel und Koran

- www.answering-islam.de
- www.lausannerbewegung.de/index.php?p=14
- www.orientdienst.de
- Johan Bouman, Christen und Moslems. Glauben sie an einen Gott? Gemeinsamkeiten und Unterschiede, Gießen: Brunnen 1993
- *ders.*, Das Wort vom Kreuz und das Bekenntnis zu Allah. Die Grundlehren des Korans als nachbiblische Religion, Frankfurt: Otto Lembeck 1980
- Joachim *Gnilka*, Bibel und Koran: Was sie verbindet, was sie trennt, Freiburg: Herder 2004
- Hanna *Josua* (Hg.), Allein der Gekreuzigte. Das Kreuz im Spannungsfeld zwischen Christentum und Islam, Holzgerlingen: Hänssler 2002

- Klarheit und gute Nachbarschaft: Christen und Muslime in Deutschland: Eine Handreichung des Rates der EKD. Kirchenamt der EKD: Hannover 2006; auch zum Download unter www.ekd.de/download/ekd_texte_86.pdf
- Jürgen *Kuberski*, Mohammed und das Christentum, Bonn: Verlag für Kultur und Wissenschaft 1987
- Hans *Küng*, Der Islam: Wesen und Geschichte, München: Piper 2007
- Steven *Masood*, The Bible and the Quran: A Question of Integrity, Carlisle: OM 2001
- Ulrich *Neuenhausen*, »Das heilige Buch des Islam«, in: *Bibel und Gemeinde* 102 (2002) 1, S. 53–63
- Christine *Schirrmacher*, Der Islam. 2 Bde., Holzgerlingen: Hänssler 2003[2]
- *dies.*, Der Islam: Eine Einführung, Johannis: Lahr 2005
- *dies.*, Islam und christlicher Glaube: Ein Vergleich, Holzgerlingen: Hänssler 2006
- *dies.*, The Islamic View of Major Christian Teachings, Hamburg: RVB 2001
- *dies.*, »Der Einfluss der europäischen Bibelkritik auf die muslimische Apologetik«, in: *Fundamentum* 1/1995, S. 66–84 (= »The Influence of Higher Bible Criticism on Muslim Apologetics in the Nineteenth Century«, in: Jacques *Waardenburg*, Muslim Perceptions of Other Religions, Oxford University Press: New York/Oxford 1999, S. 270–279)
- *dies.*, »Die Muslime und ihre Heilige Schrift – dargestellt an der Frage nach Frieden und Gewaltbereitschaft«, Vortrag in Leverkusen 2003. www.ekir.de/lutherkonvent/Ziele/schirrm2.htm
- Thomas *Schirrmacher*, »Bibel und Koran als ›Wort Gottes‹: Das Offenbarungs- und Inspirationsverständnis im Christentum und Islam«, in: *Islam und christlicher Glaube – Islam and Christianity* 5 (2005) 1, S. 5–15, auch als MBS-Text 80 (2006) unter www.bucer.eu

- *ders.*, Feindbild Islam: Am Beispiel der Partei »Christliche Mitte«, VTR: Nürnberg 2003
- *ders.*, »Missio Dei«, in: Klaus W. *Müller* (Hg.). Mission im Islam: Festschrift für Eberhard Troeger, VTR: Nürnberg & VKW: Bonn 2007, S. 165–188
- Olaf *Schumann*, Der Christus der Muslime: Christologische Aspekte in der arabisch-islamischen Literatur, Köln: Böhlau Verlag 1988
- Ernst *Schrupp* (Hg.), Mit Muslimen im Gespräch, R. Brockhaus: Wuppertal 2002
- Eberhard *Troeger*, Die Herausforderung des Islam, VTR: Nürnberg 2007
- *ders.*, Der Islam bei uns: Ängste und Erwartungen zwischen Christen und Muslimen, Gießen: Brunnen 2007
- *ders.*, Der Islam: Was Christen wissen sollten, Wuppertal: R. Brockhaus 2002
- *ders.*, »Offenbarung Allahs oder Worte Muhammads? Zum Problem der Geschichtlichkeit des Korans«, in: *Islam und christlicher Glaube* 5 (2005), S. 16–22
- Karl-Wolfgang *Tröger*, Bibel und Koran: Was sie verbindet und unterscheidet, Berlin: Ev. Haupt-Bibelgesellschaft 2004
- Christian W. *Troll*, Muslime fragen, Christen antworten, Mainz: Matthias-Grünewald-Verlag 2003
- Stefan Jakob *Wimmer*/Stephan *Leimgruber*, Von Adam bis Muhammad: Bibel und Koran im Vergleich, Stuttgart: Verlag Katholisches Bibelwerk 2005

Lexika zum Islam

- Ralf *Elger*, Kleines Islam-Lexikon, München: C. H. Beck 2006[4]
- Adel Th. *Khoury* (Hg.), Lexikon religiöser Grundbegriffe: Judentum Christentum Islam, Wiesbaden: Marix 2007
- *ders.* u. a. (Hg.), Islam-Lexikon A–Z, Freiburg: Herder 2006

- Christine Schirrmacher, »Lexikon des Islam« usw., in: Harenberg Lexikon der Religionen, Düsseldorf: Harenberg Verlag 2002, S. 428–549
- Wissenschaftliche Lexika in englischer Sprache:
- Encyclopedia of Islam. 12 Bde. Leiden: Brill 1960–2004 (auch als CD-ROM und Internetversion; die ältere deutsche »Enzyklopädie des Islam« von 1926 ff ist stark veraltet)
- Hamilton Alexander Rosskeen Gibb/Johannes H. Kramers, Concise Encyclopedia of Islam, Boston: Brill 2001
- Richard C. Martin, Encyclopedia of Islam and the Muslim World. 2 Bde., New York: Macmillan 2004

Bibelausgaben

- www.bibel-online.net (Lutherübersetzung von 1984)
- www.bibelserver.de/www.bibleserver.com (sechs deutsche Übersetzungen, viele andere Sprachen)
- www.diebibel.de (zwölf deutsche Übersetzungen, viele andere Sprachen)
- alt.bibelwerk.de/bibel (katholische Einheitsübersetzung)
- www.bibel-konkordanz.de
- Genfer Studienbibel, Holzgerlingen: Hänssler 1999 (Text der Schlachter-2000-Übersetzung mit Kettenkommentaren)
- David H. Stern, Das jüdische Neue Testament, Holzgerlingen: Hänssler 2003[3]
- *ders.*, Kommentar zum Jüdischen Neuen Testament, Holzgerlingen: Hänssler 2006[2]

Muslimische Werke zu Bibel und Christentum

- Muzaffer *Andaç*, Einladung zum Islam: Ein Vergleich zwischen Bibel und Koran aus der Sicht eines Moslems, Berlin: Wissenschaft und Technik Verlag 2000
- David *Benjamin*, Muhammad in der Bibel, München: SKD Bavaria Verlag 1994

- Maurice *Bucaille*, Bibel, Koran und Wissenschaft, München: SKD Bavaria Verlag 1994
- Muhammad *Ibn Rassoul*, Jesus, der Prophet Allahs, Köln: Islamische Bibliothek 1995
- Fuad *Kandil*, Blockierte Kommunikation: Islam und Christentum, Münster: LIT 2008

Einstieg zur Bibel und zum Christentum

- *Benedikt XVI* – Joseph Ratzinger, Jesus von Nazareth: Von der Taufe im Jordan bis zur Verklärung, Freiburg: Herder 2007
- Craig L. *Blomberg*, Die Gleichnisse Jesu, Wuppertal: R. Brockhaus 1998
- Eduard *Böhl*, Dogmatik, hg. von Thomas *Schirrmacher*, Neuhausen: Hänssler: 1998[1]; Hamburg: RVB, 2004[2]
- Manfred Dreytza u. a. Das Studium des Alten Testaments: Eine Einführung in die Methoden der Exegese. Wuppertal: R. Brockhaus, 2007[2]
- Ludwig *Hagemann*, Propheten – Zeugen des Glaubens: Koranische und biblische Deutungen, Würzburg: Echter 1993[2]
- Christian *Herrmann* (Hg.), Wahrheit und Erfahrung – Themenbuch zur Systematischen Theologie. 3 Bde. Wuppertal: R. Brockhaus 2004–2006
- Thomas *Kinker*, Die Bibel verstehen und auslegen: Ein praktischer Hermeneutikkurs. 2 Bde. Bonn: VKW 2003
- Frank *Koppelin*/Thomas *Schirrmacher*, »Die Evangelien als Beweis für die Notwendigkeit der kulturellen Anpassung der missionarischen Verkündigung«, in: *Evangelikale Missiologie* 21 (2005) 2, S. 57–61, auch als MBS-Text 22 (2004) unter www.bucer.eu
- Gerhard *Maier*, Biblische Hermeneutik, Wuppertal: R. Brockhaus 2003[5]
- Alister *McGrath*, Vater, Sohn und Heiliger Geist: Eine Verstehenshilfe, Wuppertal: R. Brockhaus 1991

- *ders.*, Der Weg der christlichen Theologie, München: C. H. Beck 1997; Gießen: Brunnen 2007
- Eugene H. *Merrill*/Helmuth *Pehlke*, Die Geschichte Israels, Holzgerlingen: Hänssler 2006[2]
- Bernhard *Ramm*, Biblische Hermeneutik, Asslar: ICI 1991
- Hans Ulrich *Reifler*, Bibelkunde des Neuen Testaments, Nürnberg: VTR 2006
- Thomas *Schirrmacher*, »Bibeltreu oder der Bibel treu?«, in: Christian *Herrmann* (Hg.), Wahrheit und Erfahrung – Themenbuch zur Systematischen Theologie. Band 1, Wuppertal: R. Brockhaus 2004, S. 45–58
- *ders.* (Hg.), Der Evangelische Glaube kompakt: Ein Arbeitsbuch: Das Westminster Glaubensbekenntnis von 1647, Neuhausen: Hänssler 1998[1] , RVB: Hamburg 2005[2]
- *ders.*, »Lexikon des Christentums« usw., in: *ders.* u. a., Harenberg Lexikon der Religionen, Düsseldorf: Harenberg Verlag 2002, S. 8–267 (bes. S. 54–57)
- *ders.*, Die Vielfalt biblischer Sprache: Über 100 alt- und neutestamentliche Stilarten, Ausdrucksweisen, Redeweisen und Gliederungsformen, Bonn: VKW 2001[2]
- Heinz-Werner *Neudorfer*/Eckhard J. *Schnabel*, Das Studium des Neuen Testaments. Wuppertal: R. Brockhaus 2006 (Erstausgabe in 2 Bänden 1999/2000)
- Carsten Peter *Thiede*, Der unbequeme Messias: Wer Jesus wirklich war, Basel: Brunnen 2006
- *ders.*, Ein Fisch für den römischen Kaiser: Juden, Griechen, Römer: Die Welt des Jesus Christus, Bergisch Gladbach: Bastei Lübbe 2000
- *ders.*, Geheimakte Petrus: auf den Spuren des Apostels, Stuttgart: Kreuz 2000
- *ders.*, Jesus: Der Glaube, die Fakten, Augsburg: Sankt-Ulrich-Verlag 2003
- *ders.*, Paulus, Augsburg: Sankt-Ulrich-Verlag 2004
- Jakob *van Bruggen*, Wie lesen wir die Bibel? Eine Einführung in die Schriftauslegung, Neuhausen: Hänssler 1998

Zur Beziehung von Islam und Christentum in Geschichte und Gegenwart

- www.islaminstitut.de mit Zeitschrift: *Islam und christlicher Glaube/Islam and Christianity*, seit 1 (2001)
- Muhammad S. *Abdullah*, Geschichte des Islam in Deutschland. Islam und die Westliche Welt, Graz-Köln: Styria 1981
- Alain *Brissaud*, Islam und Christentum: Gemeinsamkeit und Konfrontation gestern und heute, Düsseldorf: Albatros 2002
- Ludwig *Hagemann*, Christentum contra Islam: Eine Geschichte gescheiterter Beziehungen, Primus: Darmstadt 1999
- Heinzpeter *Hempelmann* (Hg.), Islam in Deutschland ... sind wir darauf vorbereitet?, Bad Liebenzell: VLM 2005
- Klára *Hegyi*/Vera *Zimányi*, Muslime und Christen: Das Osmanische Reich in Europa, Budapest: Corvina 1988
- Adel Theodor *Khoury*/Peter *Heine*/Janbernd *Oebbecke*, Handbuch Recht und Kultur des Islams in der deutschen Gesellschaft, Gütersloh: Gütersloher Verlagshaus 2000
- Gudrun *Krämer*, Geschichte des Islam, München: dtv 2008
- Bernard *Lewis*, Die Welt der Ungläubigen: Wie der Islam Europa entdeckte, Frankfurt: Propyläen 1987
- Tilman *Nagel*, Staat und Glaubensgemeinschaft im Islam. Geschichte der politischen Ordnungsvorstellungen der Muslime. 2 Bde., Zürich: Artemis Verlag 1981
- Nabil *Osman*, Kleines Lexikon deutscher Wörter arabischer Herkunft, München: C. H. Beck 2002[6]
- Siegfried *Raeder*, Der Islam und das Christentum, Neukirchen-Vluyn: Neukirchener Verlag 2001
- Christine *Schirrmacher*, »Frauen unter der Scharia«, in: *Aus Politik und Zeitgeschichte* B 48/2004, S. 10–16 (Beilage zu *Das Parlament* 22.11.2004)
- *dies.*, Herausforderung Islam: Der Islam zwischen Krieg und Frieden, Hänssler: Holzgerlingen 2002

- *dies.*, »Herausforderung Islam«, in: Hans *Zehetmaier* (Hg.), Politik aus christlicher Verantwortung, Wiesbaden: Verlag für Sozialwissenschaften 2007, S. 264–278
- *dies.*, »Der Islam über den Frieden, den Jihad und das Zusammenleben von Muslimen und Nichtmuslimen«, in: Reinhard *Hempelmann*/Johannes *Kandel* (Hg.), Religionen und Gewalt, V&R unipress: Göttingen 2006, S. 259–276
- *dies.*, Kleines Lexikon zur islamischen Familie, Holzgerlingen: Hänssler 2002
- *dies.*, Die Scharia, Holzgerlingen: Hänssler 2007
- Thomas *Schirrmacher*, Multikulturelle Gesellschaft, Holzgerlingen: Hänssler 2006
- Faruk *Sen*/Hayrettin *Aydin*, Islam in Deutschland, München: C. H. Beck 2002
- Ursula *Spuler-Stegemann*, Feindbild Christentum im Islam, Bonn: Bundeszentrale für politische Bildung 2006 (= Freiburg: Herder 2004[2])
- *dies.*, Muslime in Deutschland, Freiburg: Herder 2005[2]
- *dies.*/Christine *Schirrmacher*, Frauen und die Scharia: Die Menschenrechte im Islam, München: Goldmann 2006
- Jacques *Waardenburg*, Islam: Historical, Social, and Political Perspectives, Berlin: de Gruyter 2002
- *ders.*, Islamisch-christliche Beziehungen: Geschichtliche Streifzüge, Würzburg: Echter 1993
- Bat *Ye'or*, Der Niedergang des orientalischen Christentums unter dem Islam, Gräfelfing: Resch 2005[2]

Anmerkungen

1 Klarheit und gute Nachbarschaft: Christen und Muslime in Deutschland: Eine Handreichung des Rates der EKD. Kirchenamt der EKD: Hannover 2006 (Download s. Lit.-Verz.).

2 Thomas *Schirrmacher*, Feindbild Islam: Am Beispiel der Partei »Christliche Mitte«, VTR: Nürnberg 2003, bes. S. 76–95.

3 S. dazu etwa die Argumente in Eberhard *Troeger*, »Offenbarung Allahs oder Worte Muhammads? Zum Problem der Geschichtlichkeit des Korans«, in: *Islam und christlicher Glaube* 5 (2005), S. 16–22, und Steven *Masood*, The Bible and the Quran: A Question of Integrity, Carlisle: OM 2001.

4 S. dazu *Benedikt XVI* – Joseph Ratzinger, Jesus von Nazareth: Von der Taufe im Jordan bis zur Verklärung, Freiburg: Herder 2007.

5 Hans *Zirker*, Der Koran, Primus: Darmstadt 1999[1]; 2007[2], S. 44.

6 S. Thomas *Schirrmacher*, Die Apokryphen, Nürnberg: VTR 2006.

7 Muhammad *Ibn Rassoul*, Die ungefähre Bedeutung des Al-Qurán Al-Karim in deutscher Sprache, Köln: Islamische Bibliothek 2000[23], S. 564.

8 I. A. *Abu-Harb* in www.islam-guide.com/de/frm-ch1-2.htm.

9 Christine *Schirrmacher*, Islam, 2003, Christine *Schirrmacher*, Der Islam (2 Bde.), Holzgerlingen: Hänssler 2003[2], Bd. 1, S. 110.

10 Hermann *Stieglecker*, Die Glaubenslehren des Islam, Paderborn: Schöningh 1983[2], S. 383, Abs. 680.

11 Der Vollständigkeit halber muss gesagt werden, dass in der lutherischen Orthodoxie im 17.-18. Jh. zeitweise der Gedanke vertreten wurde, die Sprache der Bibel sei vollkommen und zum Beispiel grammatisch fehlerlos. Aber es waren gerade Pietisten wie Johann Georg Hamann, die das widerlegten, und selbst der moderne christliche Fundamentalismus hat diesen Gedanken nie übernommen.

12 Belege bei *Stieglecker*, Glaubenslehren, 1982, S. 616 (Abs. 1122).

[13] Christine *Schirrmacher*, »Die Muslime und ihre Heilige Schrift – dargestellt an der Frage nach Frieden und Gewaltbereitschaft«, Vortrag in Leverkusen 2003, S. 11 (PDF-Datei; Download s. Lit.-Verz.).

[14] So z. B. *Rassoul*, Bedeutung, 2000, S. 567–568; vgl. auch A. L. *Tibawi*, »Is the Qur'an translatable? Early Muslim opinion«, in: Colin *Turner*, The Koran: Critical Concepts in Islamic Studies, London: RoutledgeCurzon 2004, S. 1–13.

[15] Abdoldjavad *Falaturi* in *WDR* (Hg.), Der Koran: Ein fremdes Heiligtum entdecken, Köln: WDR 1994, S. 11.

[16] I. A. *Abu-Harb* in www.islam-guide.com/de/frm-ch3-7.htm.

[17] Vgl. zu den Zielgruppen Frank *Koppelin*, »Die Evangelien als Beweis…«, 2005 (vollständige Bibliografie im Lit.-Verz.).

[18] Vgl. Thomas *Schirrmacher*, Die Vielfalt biblischer Sprache: Über 100 alt- und neutestamentliche Stilarten, Ausdrucksweisen, Redeweisen und Gliederungsformen, Bonn: VKW 2001[2].

[19] Emile *Dermenghem*, Mohammed, in Selbstzeugnissen und Bilddokumenten dargestellt (rororo-bildmonographie), Reinbek 1960[1], 1980[2]. S. 34.

[20] Enzyklopädie des Islam. Band II. Brill: 1927. S. 1140.

[21] Frants *Buhl*. Das Leben Muhammeds. Verlag von Quelle und Meyer: Leipzig, 1930. S. 138–139.

[22] *Dermenghem*, Mohammed. S. 20–21.

[23] Ulrich *Neuenhausen*, »Das heilige Buch des Islam«, in: *Bibel und Gemeinde* 102 (2002) 1, S. 60–61.

[24] *Schirrmacher*, »Die Muslime und ihre Heilige Schrift«, S. 9.

[25] Murad *Hofmann* (Hg.), Der Koran, Kreuzlingen: Hugendubel 2007, S. 12.

[26] *Schirrmacher*, »Die Muslime und ihre Heilige Schrift«, S. 9.

[27] Vgl. John W. *Montgomery*, Hat die Weltgeschichte einen Sinn? Geschichtsphilosophien auf dem Prüfstand, Bonn: VKW, 2003[2].

[28] *Neuenhausen*, »Das heilige Buch des Islam«, S. 61.

[29] A. a. O., S. 59 (Kommas ergänzt).

[30] Überschrift zum Kapitel über die Bedeutung des Korans in Azzedine *Guellouz*, Der Koran, Bergisch Gladbach: Bastei-Lübbe 1998, S. 77.

[31] S. die vielen Belege im Koran bei *Hofmann*, Koran, S. 511.

[32] Hannes *Stein*, Moses und die Offenbarung der Demokratie, Berlin: Rowohlt Berlin Verlag 1998, S. 47.

[33] *Zirker*, Koran, S. 165.

[34] Ebd.

[35] S. z. B. http://islamische-datenbank.de/Quranwissenschaft: »Quranwissenschaften« wird mit »Tadschwidwissenschaft« gleichgesetzt, die die Frage behandelt, wie man den Quran richtig rezitiert.

[36] *Neuenhausen*, »Das heilige Buch des Islam«, S. 59.

[37] Vgl. Thomas *Schirrmacher*, Ethik für Führungskräfte, Gießen: Brunnen 2002; *ders.*, Wie erkenne ich den Willen Gottes?, Hamburg: RVB 2001 (= *ders.*, Ethik. 7 Bde., VTR: Nürnberg 2002[3], Bd. 3, S. 353–388); Otto *Weber*, Grundlagen der Dogmatik. Bd. 1. Neukirchener Verlag: Neukirchen 1987[7] (1955[1]), S. 214–218.

[38] Z. B. Kinker, Bibel, 2003; Ramm, Hermeneutik, 1998; Jakob van Bruggen. Wie lesen wir die Bibel? Hänssler: Neuhausen, 1998 [nähere Angaben s. Lit.-Verz.]; Walter C. *Kaiser*/Moisés *Silva*, An Introduction to Biblical Hermeneutics, Zondervan: Grand Rapids 1994; Milton S. *Terry*, Biblical Hermeneutics. Zondervan: Grand Rapids 1984[12] (engl. Originalausgabe 1890[1]).

[39] *Schirrmacher*, »Die Muslime und ihre Heilige Schrift«, S. 11.

[40] Schiiten fügen als Lobpreis des vierten Kalifen Ali (Neffe und Schwiegersohn Muhammads) hinzu: »Und Ali ist der Freund Gottes.«

[41] So auch Lamya *Kandil*, »Schwüre in den mekkanischen Suren«, in: Stefan *Wild* (Hg.), The Qur'an as Text, Leiden: E. J. Brill 1996, S. 46–47; vgl. S. 51–57 zu allen Schwüren im Koran.

[42] Adel Theodor *Khoury*, Der Koran Arabisch-Deutsch. Übersetzung und wissenschaftlicher Kommentar. 12 Bände, Gütersloh: Gütersloher Verlagshaus 1990-2001, Bd. 2, S. 207–208.

[43] In der islamischen Mystik wird dagegen die Liebe Gottes betont, denn der Gläubige sucht die Annäherung an Gott und die Verschmelzung mit ihm bis zur Innewohnung Gottes in seiner Person. Allerdings sucht der Gläubige, Gott zu lieben ohne letztlich wissen zu können, ob Gott ihn liebt.

[44] *Rassoul*, As-Salah: Das Gebet, S. 21.

[45] Islam.de/27.php.

[46] *Rassoul*, As-Salah: Das Gebet. S. 99.

[47] A. a. O., S. 105 mit Belegen aus der Überlieferung.

[48] *Zirker*, Koran, S. 45.

[49] Louis *Gardet*, Der Islam, Köln: J. P. Bachem 1968, S. 39.

[50] *Zirker*, Koran, S. 49–50.

[51] *Schirrmacher*, Evangelischer Glaube, Art. 8.2.

[52] Der Zusatz »vom Sohn« (*filioque*) ist später hinzugefügt worden und wird von den orthodoxen Kirchen – historisch zu Recht – abgelehnt.

[53] *Schirrmacher*, Evangelischer Glaube, Art. 2.3.

[54] Www.way-to-allah.com/islam_zum_kennenlernen/was_ist_islam.html.

[55] Abdoldjavad *Falaturi* in *WDR*, Koran, S. 46.

[56] Tilman *Nagel*, Der Koran, Einführung – Texte – Erläuterungen, München: C.H.Beck 1998[3], S. 253.

[57] Die christlichen Konfessionen stimmen zwar mit wenigen Ausnahmen grundsätzlich mit der Lehre von der Erbsünde überein, weichen aber erheblich in der Frage voneinander ab, inwieweit der Sündenfall und die Erbsünde den Menschen in Mitleidenschaft gezogen haben.

Christine Schirrmacher

Die Scharia

Tb., 12 × 19 cm, 96 S.
Nr. 394.657,
ISBN 978-3-7751-4657-9

»Scharia« – wofür steht der Begriff eigentlich? Christine Schirrmacher erläutert in allgemeinverständlicher Form ihre Entstehungsgeschichte und ihren Inhalt. Sie erklärt, warum die Mehrzahl der Muslime sie als Weisung für alle Lebensbereiche betrachten, die – zumindest öffentlich – nicht hinterfragt werden darf. Die Scharia beinhaltet das Strafrecht, das Familien-, Erb- und Eherecht sowie die religiösen Gebote. Der bekannten Islamwissenschaftlerin geht es aber nicht nur um die Theorie des Rechts, sondern auch um seine praktischen Auswirkungen. Denn verschiedene islamische Gruppierungen wollen der Scharia auch in Europa Geltung verschaffen.

Bitte fragen Sie in Ihrer Buchhandlung nach diesem Buch!
Oder schreiben Sie an: SCM Hänssler, D-71087 Holzgerlingen;
E-Mail: info@scm-haenssler.de

Christine Schirrmacher

Islam und christlicher Glaube

Pb., 13,5 × 20,5 cm, 160 S.
Nr. 393.666,
ISBN 978-3-7751-3666-2

»Jesus oder Muhammad – Gemeinsamkeiten und Unterschiede«

Islam und christlicher Glaube berühren sich in vielen Punkten. Schon Muhammad traf auf der Arabischen Halbinsel auf Christen, und der Koran zeichnet Jesus als Gesandten Gottes. Trotzdem gibt es bei vielen Fragen Unterschiede:

– Wer ist Gott? – Was meint der »Jihad«?
– Sind Selbstmordattentate im Islam erlaubt?
– Werden Frauen in allen Religionen unterdrückt?
– Wieso tauchen Personen aus der Bibel auch im Koran auf?

Für jeden verständlich erklärt dieses Buch diese und viele weitere Fragen. Die Islamwissenschaftlerin Prof. Christine Schirrmacher informiert sachlich und anschaulich über Texte aus dem Koran und der Bibel, deren Hintergründe und die Folgen für den Glauben von Christen und Muslimen.

Bitte fragen Sie in Ihrer Buchhandlung nach diesem Buch!
Oder schreiben Sie an: SCM Hänssler, D-71087 Holzgerlingen;
E-Mail: info@scm-haenssler.de